新・音楽とキャリア

New Perspectives
to Music
and Career

音楽を通した生き方・働き方

音楽キャリアデザイナー
久保田慶一

Stylenote

はじめに

この本の書名が『新・音楽とキャリア』と題されているのは、旧版が存在するからである。もちろん、この新版が出版されるまでは、旧版と呼んでいたわけではないが、旧版にあたる『音楽とキャリア』は、２００８年８月に出版されている。もう10年以上の歳月が流れたわけである。２００８年は平成20年だが、この『新・音楽とキャリア』が読まれるときは、もはや平成ではなく、令和である。

この10年の間に、世界あるいは日本でさまざまな出来事があった。人それぞれにとって重要な、あるいは思い出に残る出来事は異なるが、キャリア――この言葉についてはあとで詳しく説明するが――、すなわち人がどう生きるかということに関心がある人は、２００８年９月にアメリカで発生した世界的規模の「金融危機」と、２０１１年３月に日本の東北地方の太平洋沿岸を襲った「東日本大震災」とその影響で発生した「福島第一原子力発電所事故」、これらの 出来事が決定的に重要であると言うかもしれない。いずれも突然に、無差別的に、何の罪も責任もない人々に降りかかり、人々のこれまで平和な生活だけでなく、生命、財産、そして生活を打ち砕いてしまったからである。同じような意味で、2011年9月11日に発生した「アメリカ同時多発テロ事件」も忘れることのできない出来事だろう。その後オバマ政権やトランプ政権の誕生を準備した事件としても、アメリカのみならず、世界の人々にとっても影響が大きかったことは間違いない。

「震災後」の日本では、キャリアを研究する人だけでなく、すべての人が将来について語ることができなくなった。将来を語ることは現実からの逃避であり、また直前に亡くなった人たちを忘却の淵《ふち》に追いやることを意味したからであろう。そしてリーマンショックの影響からいち早く立ちなおったアメリカの好景気に支えられて、日本の経済も——安倍内閣の打ち出した「アベノミクス」の効果があったのかどうかは、筆者にはわからないが——回復はした。しかしその一方で、改元の高揚感に浸り、2020年の東京オリンピック・パラリンピックの開催をひかえ、外国人観光客の増加に賑《にぎ》わう東京とは裏腹に、被災地の復興はまだ道半ばにあり、福島第一原子力発電所では廃炉処理に向けての道のりははるかに遠い。なんともちぐはぐな状況にある日本で、暗い側面を覆い隠すかのように、明るい側面ばかりが話題になっている、あるいはされていると感じるは、筆者だけであろうか。

本書の「旧版」は、人々の人生観や死生観を揺るがせた「金融危機」、自然災害と半ば「人災」ともいえる原子力発電所の事故が発生する以前に執筆されており、その後の世界や日本の変容は反映されていない。そして筆者自身がこうしたことを経験して、年齢も60歳を超えたことから、内面的にも変化を遂げている。そろそろ自分自身の考えを整理し、その後のアメリカや日本での新しい動きを紹介しながら、「音楽とキャリア」の新版を書くという気持ちに至った。

こうした意味で、旧版をすでに読まれた方は、筆者とともに、時代や社会とともに変化した、キャリアを取り巻く状況を実感していただければ幸いである。あるいは、筆者自身の考え方や見方の変化も感じ取っていただけるかもしれない。また新版から読まれ関心をもたれた方は旧版も手にしていただければ幸いである。

キャリアを取り巻く環境は誰にでも平等に現れるかというとそうではない。ましてや自分のキャリアをどう意味づけるかも、人それぞれである。本書でもできるだけ客観的な説明に努めた部分と、比較的私自身の主観が色濃く反映されている部分があるので、読者の方もそのつもりで筆者の語ることを理解していただければと思う。「筆者はこう書いているが、はたしてそうなのだろうか？　私は違うと思う」といったことがあって当然いいわけだ。本書をきっかけに、自分自身への振り返りにしていただければ幸いである。

筆者

目次

第2章　人生100年時代の音楽家の生き方と働き方・61

第3章　音楽家のキャリア選択を考える・89

第4章　社会を変革する音楽リーダーシップ・121

第5章　聴衆参加を促す「インタラクティブ演奏会」・147

第6章　社会で必要とされる音楽や音楽家とは？・181

第8章　現代の音楽家の学び・239

終章　私のキャリア論・267

序章

この本を読む前に知っておいてほしいこと

第1節 ここでいう「音楽」とは

本書で「音楽」という場合は、クラシックの音楽を想定している。比較的幼い頃から音楽の学習をはじめ、音楽高校や音楽大学に進学して、音楽活動を「職業」にしようと思っている人を、念頭に置いている。Jポップのミュージシャンになりたい人あるいは日本の伝統音楽の演奏家になりたい人もおられると思うが、このような音楽の世界とクラシック音楽の世界とでは、学習から職業に至るまでのプロセス、さらに職業人としての成長のパターンが異なるため、一律には話ができないからである。また正直にいえば、筆者自身がクラシック音楽の世界しか知らないからである。そうはいっても、広く文化芸術[注1]における学習、職業、職業人としての成長という視点から見れば、音楽だけでなく、美術や演劇などにおいても内容的にかなりの部分が関係して

注1 文化芸術とは、サブ・カルチャー、ポップアート、ポップミュージックなどを含めた広い意味での文化や芸術である。これに対して、芸術文化は芸術音楽などの伝統的な芸術文化である。文部科学省や文化庁では広く文化を対象にしているので、「文化芸術」という言葉を使うことが多い。

いるので、そうした分野の人たちに読んでいただいても、何かしら吸収していただけることがあるかと、少しばかり自負しているのではあるが。

第2節 ここでいう「職業」とは

職業[注2]とは、簡単にいえば「生活するためのお金を稼ぐ仕事」のことである。だから職業にもさまざまな形がある。たとえば、生活費を稼ぐだけと割り切れば「生業《せいぎょう》」となり、仕事をする人の能力や資質に適した仕事であれば「適職」となり、その能力が天性のものであれば「天職」となる。

会社などに雇われて仕事する場合もあれば、個人で仕事をする場合もある。前者のような働き方をする人は「労働者」、後者は「個人事業主」――現代では「フリーランス」[注3]としたほうがわかりやすいかもしれない――と呼ばれたりする。労働者は労働を提供することで、その対価として賃金をもらうが、個人事業主の場合は、労働と同

注2　職業に関連する英語の言葉も多様である。生業はjob（ジョブ）、日本語の職業に近いのがoccupation（オキュペーション）やvocation（ヴォケーション）、天職に近いcalling（コーリング）がある。call（コール）やvocationの語源であるラテン語のvocare（ヴォカーレ）は、神からの「呼びかけ」であり、神の宣言である。いずれにせよ、欧米では仕事と宗教は密接に関係していて、新教（プロテスタント）の教義が資本主義の誕生の契機となったといわれている。

注3　フリーランスfreelanceとは、雇用されずに個人事業主として働くこと。フリーは自由、ランスは槍騎兵がもつ「槍」を意味した。どこかの国の軍隊や傭兵に雇われることのない槍騎兵が、フリーランサーと呼ばれた。

時に、仕事の成果に対価が支払われることが多い。

労働者の働き方もいくつかに分かれる。正社員あるいは正規社員と呼ばれる人は、働く期間が定められていないが——実際には辞める時期は定年によって決められている——、非正規社員と呼ばれる人は、働く期間が決められている人である。パートやアルバイトなどはここに含まれる。また学生や主婦は無職だが、「無職」も職業のひとつと見なされることがある。[注4]

職業と働き方はこうしてさまざまだが、これらに共通していることが3つある。これらはまとめて「職業の3要素」といわれることがある。

①生計を維持するための賃金を得るために労働を提供していること。
②仕事が社会のなかで役に立っていること。
③仕事をする人の能力や適性が活用され、そのことでやりがいを感じていること。

世のなかには、本当にいやな仕事だが、生活していくために仕事をしているという人もいるだろう。しかしその仕事で賃金を得て生計を立てているのであれば、少なくとも能力が活用され、なんらかの形で社会の役に立っているといえるだろう。

それに対して、いくら自分の能力を活かして生計を立てているといっても、それが犯罪的な行為であれば、反社会的といわざるをえず、その行為を「職業」と呼ぶこと

注4　現代の日本におけるさまざまな働き方については、拙著『大学では教えてくれない音大・美大卒業生のためのフリーランスの教科書』（ヤマハミュージックメディア、2018年）の第1章「フリーランスという働き方」を参照してほしい。

はできない。

さて、本書で音楽を「職業」にする、あるいは「仕事」にするというのは、この「職業の3要素」に合致している場合をいう。

プロのオーケストラに雇用されている、エキストラとして演奏活動をしている、個人で音楽教室を経営しているなど、その働き方はさまざまであるが、いずれの場合も、自分の才能を活用して生活費を得て、社会になんらかの貢献をしているので、音楽を「職業」にしているといえる。

それに対して、アマチュア・オーケストラに参加している、老人施設などでボランティアで演奏を披露している場合などは、社会貢献し、自分の才能を活用しているが、報酬を得ていないので、音楽を「職業」にしているとはいえないだろう。

第3節
ここでいう「キャリア」とは

キャリアは英語の career のカタカナ語である。キャリアという言葉は、一般的には、「経歴」、「履歴」、「職歴」などを意味している。

官公庁では「キャリア組」などといって、「キャリア」といえば、国家公務員採用1種に合格して中央省庁に採用され、他の公務員に比べて、決められたルートを速く昇進していくエリート公務員を指す。英語の一般的な意味とは異なるが、キャリアという言葉の語源であるラテン語の「馬車 carrus」や、そこから派生した「馬車道 carraia」、「競馬のコース carrière」のような言葉などから、ひとつの道をまっすぐに、しかも速く進む姿をイメージし、使われるようになったのかもしれない。英語のキャリアには、「疾走する」という意味もある。

しかし本来は、まっすぐに昇進するだけがキャリアではないことを、覚えておいたほうがいいかもしれない。ときに逆戻りしたり、停滞したりするのも、キャリアであることを理解しておくと、病気で入院して休職したり、仕事上のミスで左遷されたりしても、必要以上に挫折感を味わわずにすむかもしれない。

キャリアは「ひとり一人が歩む人生の軌跡」と理解するのが一般的である。個人の内面的性格、つまり心理的側面が強調されることも多い。同じ職場で同じ仕事をしていても、職業観や勤労観が個人で異なることから、キャリアもまた違ったものになってくるからである。またキャリアは「後付け」であり、「今の自分を意味づけること」といわれるのも、このような心理的性格をもっているからだ。また人の職業意識も精神の発達とともに変化することから、「キャリア発達[注5]」というような考えも出てくるわけだ。

人の人生では、なんらかの職業をもって働いている期間が相対的に長い。そのためにキャリアというと、職業上の問題、たとえば、昇進や昇給、転職、退職などと関連づけられて論じることも多くなってしまう。自分が抱いている職業イメージや、思い描く自分の働く姿と、適合する職業に就ければ、人はハッピーになる。職場体験やインターンシップなどを通して、自分の能力や適性を経験的に学ぶことが、キャリア教育の重要な課題であるのもそのためである。これらのことからも、キャリア教育は職業教育であるという主張に、容易に共感できるであろう。

注5　キャリア発達とは、職業などに対する考えや職業的能力の成長を意味し、学校教育におけるキャリア教育の目的である。原語はcareer developmentで、キャリア開発（企業などの職業能力の発達の意味）やキャリア展開（職業的な広がりの意味）と訳する場合がある。いずれにしても、キャリアに対する意識は、肉体や精神の発達と同じように、成長するという考えが根底にある。

キャリアを現実的に――職歴や経歴など目に見える形として――、あるいは心理的に――生きがいややりがいなど心のなかにあるものとして――、双方どちらに定義するにしても、私たちは日々生活を送り、常に将来への希望や不安を抱えている。そのなかで将来を自分で計画するのが、キャリア・デザインである。[注6]キャリア教育は、歳をとったときの自分を想像するための教育といわれる。[注7]

キャリア・デザインでは、現実的な側面と心理的側面とのバランスをとることが必要であろう。具体的には、自分自身の身体や能力、さらに自分が置かれた社会や経済の状況という現実と、自分のやりがいやこうしたいという希望といった心理との間に、そのつど自分なりの、あるいはその時点での妥協点を見出さなくてはならないからだ。ときには複数の選択肢からひとつを選ぶという状況に追い込まれることもあるかもしれない。キャリア・デザインでは、自分で決断して選択することが求められているのもそのためである。キャリア教育は、意思決定力のための教育であるというのも、忘れてはならない。

決断するということは、あることを諦めることでもある。そのために後悔が残ることもしばしばであろう。もちろん後悔することが少ない人生のほうがハッピーだろう。後悔しない意思決定をするためにも、キャリア教育を通して、自分なりの判断力を養っておくことも必要だ。いずれにせよ、キャリアとはひとり一人が人生において歩んだ「軌跡」、あるいはこれから歩もうとする「道筋」だと思えばいいだろう。紆

注6　キャリアデザインとは、幅広く人の人生を将来に向けて設計すること。似た言葉に生涯生活設計という言葉があるが、これは、貯蓄などの経済面における将来に向けての設計を指す。

注7　キャリア教育やキャリア・デザインについては、拙著『大学では教えてくれない音大・美大卒業生のためのフリーランスの教科書』の「プロローグ」と第4章「必要なのはキャリア・デザイン！」を参照してほしい。

余曲折があり、ときに先が見通せないものである。

第4節 キャリアが意味するところ

本書はどのような読者を想定しているかと聞かれても、正確に答えることはできない。すでに、音楽だけでなく、美術や演劇に関連した学習や仕事をしている方々に読んでもらってもいいと、お伝えした。おおよそ中高生から大学生までを想定しているので、難しい表現や言葉はできるだけ避け、どうしても使わなくてはならない場合には、注で詳しく説明するようにした。しかし大学を卒業してすでに音楽家として活躍されている方、音楽大学を卒業したがその後まったく音楽活動をしていないという方にも、ぜひ読んでいただきたいと思う。そのような方にはぜひとも、本書を「批判的に」[注8]――「非難」するのではなく、ご自身のこれまでのキャリアと「比較」しながら――読んでいただければと思う。きっと何か新しい発見があると思う。

注8 英語では「critical（クリティカル）」という。ビジネスの世界での「クリティカル・シンキング critical thinking」は、ものごとを判断する際の複数の論理を検証して、最適解を得るための思考法をいう。音楽でも「クリティカル・エディション critical edition」と呼ばれる楽譜があるが、これはオリジナル資料などを比較そして取捨選択して作成された楽譜である。

音楽とキャリアの相互の関連について、年齢層ごとに少し解説をしておいたほうがいいかと思う。キャリアの問題をどのように論じて、どのようなことをそこから得て、人生に活かしていくかは、職業や個人的環境だけでなく、とりわけ年齢によって異なってくるからである。これとて、きわめて個人的な問題なので――たとえば、「青春」といった場合、あなたは何歳くらいの時期を想定しているだろうか？　70歳過ぎても自分は「青春」だと思う人もあれば、まだ10代後半なのに、自分の青春はもう終わりだと思っている人もいるのではないだろうか――、一概にはいえないが、ここでは今このくらいの年齢の人は、キャリアといえばこんなことを想定してくださいと、示すことぐらいしかできないであろうが。本書でこの言葉が出てきたら、自分の年齢にあわせて読み替えていただいてもいいだろう。

高校生の方へ

幼い頃から音楽大学への進学をめざしている方、すでに音楽高校で学んでおられる方、今は部活で合唱や吹奏楽を楽しんでいるが、音楽大学でもっと専門的に勉強したいと思っておられる方など、大学入学前は生活と音楽との関係もさまざまである。日本の場合、大学進学がその後の人生を決定する度合いが高いため、大学選びや受験は重大ターニング・ポイントで、過度に神経質になる傾向があるように思う。

音楽の学びは、アマチュア、プロを問わず、大学で終了するわけではなく、生涯をかけておこなわれるものであることを、忘れないようにしたいものだ。[注9]そう思えば少しは気が楽になるかもしれない。大学生である4年間にできることは、時間的にも能力的にも限られているだろう。20代ですべてのことをしようと思わないほうがいいかもしれない。18歳のとき音楽大学に進学できなかった人が、子育てや親の介護を終えて、40代、50代になってから音楽大学に入学するということも決して珍しくないのだ。[注10]

人生１００年時代[注11]といわれる現在、高校生であるあなたは、これから80年近く生きることになる。本書を読んで、10年後、20年後の自分が、音楽とどのようにつきあっているのかを想像してみてもらえればと思う。希望するような生き方が見つかれば、そのようになるには、今何をしたらよいかを考えて、少しずつでも実行するといいのかもしれない。

音楽大学や大学院で学んでいる方へ

高校を卒業して音楽大学に入学することは、若者たちにとってちょっと緊張する出来事です。音楽大学にはとにかく演奏のうまい若者が集まってくるからではありません。将来のキャリアを考える時期になると、自分以外にも多くの若者が同じような目標に邁進しているのを知って愕然とし、そして入学当初に抱いていた将来への期待値

注9 学校を卒業してからも学習を継続することを、「生涯学習 life-long learning」という。「継続学習 continued learning」という場合もある。

注10 「リカレント教育 recurrent education」という。リカレント recurrent は英語で、「反復する」、「再発する」、「周期的に起こる」という意味。一度治癒した病気などが再発したり、そもそも完治は難しかったりする病気の名称に使われている。しかしカレント current は「現在の」、「今流行している」などの意味があり、リカレントは再度「時流にあわせたものにする」という意味が含まれる。「アップデート」することであり、ときに「回帰教育」や「還流教育」とも訳されたりする。

注11 「人生１００年時代」という表現は、ロンドン・ビジネススクールでともに教鞭をとるリンダ・グラットン（１９５５-）とアンドリュー・スコット（１９６５-）が２０１６年に出版し、世界中でベストセラーになった『ライフシフト　１００年時代の人生戦略』（東洋経済新聞社）——原題は"The 100-Year

を、やむなく下げなくてはならないことを、若者たちは知っているからです。

この言葉は、ロンドン王立音楽院の演奏科学センターに務め、音楽心理学に造詣が深いロジー・パーキンスが、ドーン・ベネット編著の『音大生のキャリア戦略』に寄せた「音大生のキャリア再考――将来も自分らしくあり続けること」の冒頭にある文章である。[注12]

日本の音楽大学で学ぶ人たちの多くも、同じような気持ちを抱いていると思われる。これはどこの国でも同じようである。パーキンスはさらに次のように述べている。

> プロの音楽家としての成功が、演奏での成功以外の何物でもないと考えられている風潮の中で、演奏以外の活動を仕事にしなくてはならないとなったら、自分は「二流の」音楽家であると感じたとしても、決して不思議なことではありません。彼ら・彼女たちはすでに大学生の時期から、プロの音楽家としての自分の立ち位置を明確にしようと悪戦苦闘していますし、自分がどのような人間なのか、他の人は自分をどう見ているのか、そして最終的に選んだ仕事が果たして自分にとってどのような意味を持っているのかという問いに対する答えを、求め続けているのです。

今、このような時期にいる人たちにとって、キャリアの選択と継続は将来がかかっ

Life: Living and Working in an Age of Longevity"――の題名に由来する。ふたりの予測では、2107年には――今年2019年に生まれた人が88歳になる年――には、先進国では50％以上の人が100歳以上生存しているという。

注12 『音大生のキャリア戦略』（春秋社、2018年）は、オーストラリアのキャリア研究家ドーン・ベネットと筆者の編著による論文集である。原書名は"Life in the real world: How to make music graduates employable"（2012）である。

た深刻な問題に違いない。本書で語られることの多くがきっと参考になるであろう。しかしことキャリアの問題は時代や社会によって、さらに個人の年齢や環境によっても変化するので、すべてを自分にあてはめて考える必要はない。本書を通して、いろいろな見方や考え方ができることを知って、ご自分の視野を広げてもらえるだけでもいいかと思う。

本書では音楽のキャリアで成功するハウツウを示したりはしていない。むしろ、そんなことが本当に実現できるのか？　という疑問が発せられるのを覚悟で、理想を語っている面もある。本書で語ることは参考程度にしてよく、それだからこそ、視野を広げるのに役立つのである。ハウツウを期待されている方は、ここで本を閉じ、書店で立ち読みをされているなら、購入しないことをおすすめしておく。失望するだけであろうからだ。

実際に音楽のキャリアの現実は厳しく、それらを赤裸々に報告したところで、身も蓋《ふた》もないのである。こういう現実を厳しく見つめて、将来の夢を見るのを諦めるのではなく、ご自身にしかできない将来の設計図を描いてほしいのである。本書はそのための見取り図を提供するにすぎない。

プロフェッショナル・フリーランスとして活動している若い音楽家の方へ

音楽大学を卒業した人で、現在、プロフェッショナル・フリーランス[注13]で活動しておられる方にも、本書を読んでもらいたいと思う。筆者の専門は音楽学で、現場の様子や現実の厳しさを実感しているわけではないので、「そんな甘いものではない」とお叱りを受けるかもしれない。

すでにお話ししたように、本書はハウツウ本ではない。音楽家として生きいくために、筆者が必要と考える知識や教養を紹介しているので、必要に応じて修得してもらえればいいと思う。音楽学以外にも、心理学や経営学――このふたつの分野では筆者は大学院レベルの教育を受けた――、さらに社会史や仏教心理学[注14]の分野で、筆者が教養として学んだ知識や理論などを紹介し、音楽との関連を考察したいと思う。

現代に生きる音楽家は、演奏や創作以外に、さまざまな仕事をこなしている。またそうしないと生活していけない。これは音楽家の宿命かもしれない。ヨハン・セバスティアン・バッハも、ライプツィヒでは、毎日曜日に礼拝音楽を提供するために、作曲、演奏楽譜の作成、合唱団の指導、リハーサルと本番をこなし、その他に、弟子の指導、オルガンの演奏、修理、鑑定、市の音楽監督としての仕事など、さまざまな仕事をこなしていた。音楽家の仕事は多様で、決してひとつではなく、個々の音楽家はそれらを組みあわせて――これを「ポートフォリオ・キャリア」という[注15]――、「どんなタイプの音楽家になるのか」という選択をしなくてはならないのだ。現代社会でプ

注13　プロフェッショナルという言葉を冠したのは、昨今、フリーランスを副業と理解する傾向があるからである。プロフェッショナル・フリーランスについては、拙著『大学では教えてくれない…』の第2章「プロフェッショナル・フリーランスになる」を参照してほしい。

注14　仏教心理学とは、仏教の教えを西洋の心理学の視点から解釈して、仏教における心のとらえ方を研究する学問。仏教や仏教的文化に親しい日本人に対する心理療法やカウンセリングで応用されることが多い。本書の終章で紹介している。

注15　ポートフォリオ・キャリアとは、ひとりの人が年齢や場所によって、働き方を変更し、同じ時期に複数の仕事に従事している状況をいう。つまり、ひとりの人が複数の職業的能力をもっていて、それをどのように配分するかが重要となる。ポートフォリオは経済学の用語でもあり、資金の投資先

ロフェッショナル・フリーランスとして仕事をする人なら、多かれ少なかれ、このような働き方をしていることと思う。筆者自身も「どんなタイプの音楽学者になるのか」を問い、追及していた人生であった。興味のある方は、本書の最後の著者プロフィールをご覧いただきたい。

演奏以外のさまざまな形で音楽に関わる仕事をしている方へ

今は演奏という仕事をしていないが、なんらかの形で音楽に関わる仕事をされている方も、本書の読者になっていただければ幸いである。音楽大学出身であるとか、若い頃は演奏家をめざしていた、あるいは趣味で音楽を楽しんできたという方が、きっと多くおられるだろう。本書は、ご自身のキャリアを振り返るうえでの参考になるに違いない。何を隠そう、筆者も若かりし頃、無謀にも演奏家を夢見て、練習に励んでいた時期もあったからである。

このように本書はさまざまな年齢、経験、仕事をもつ人々を想定して執筆した。それぞれの年齢や立場で読んでいただければと思う。そしてご自身の進路や人生、あるいは音楽と自分の人生をどう折りあいをつけて、これから音楽とどのようにつきあっていくのかを、考えるきっかけにしていただければ幸いである。これは、正解などは決してない問いである。

の配分のことである。他に、持ち運びのできる資料ケースの意味もあり、近年、教育では学習成果を蓄積したものを指す。本書の第2章第4節も参照。

誕生したときの人は真っ白な状態である。その後、人はそれぞれの人生を歩むが、死を迎える直前やその瞬間に近づくと、多くの人が真っ白な状態へと戻っていく。現世の富や名声は死後の世界にもっていけないからだ。しかしそこで音楽とともに歩んできた「道」（キャリアといっていいだろう）を振り返って、どのように思えるのか、あるいは思いたいのかが大切だと思う。この「道」を「みち」と読むのか、「どう」と読むのかについては、終章を参照してもらいたい。

本書ではこのような究極的な問いとその答えを追い求めて、皆さんといっしょに、「道」を歩んでいきたいと思う。

第1章

リーマン・ショックと東日本大震災

――音楽界に与えた影響

第1節 リーマン・ショックとその後

実際の音楽キャリアについて述べる前に、近年の社会情勢を簡単に振り返っておきたい。

(1) アメリカが招いた「金融危機」

アメリカの社会はしばらく住宅バブル[注1]に沸き、低所得者層の人々でも低い金利の住宅ローン（サブプライム・ローン）を組んで、住宅が購入できていた。ところが2006年頃からローンの金利返済が本格化すると、金利が支払いできない人が増えていった。最終的にローンの貸し手であった銀行や住宅ローン会社は不良債権[注2]を抱えてしまい、経営破綻してしまったのである。そしてこうした金融機関に投資をしていた、大手の投資銀行であったリーマン・ブラザーズも、ついに2008年9月15日、

注1 住宅を実際に売って得られる金額以上に、値段が高騰するのが、バブル（泡の意味）である。景気がいいときにはよいが、ひとたび景気が後退すると、実際の価格に戻ってしまう。

注2 不良債権とは、銀行などが貸したお金を回収できなくなると、その貸したお金が不良債権となる。返せなくなったときのために土地などを担保にしてあっても、土地の値段が下がってしまうので、土地を売っても貸したお金が返ってこない状態になる。

経営破綻してしまったのである。この経営破綻は欧米の銀行をもたちまち信用不安に陥れてしまい、世界的な規模での「金融危機」[注3]を招いてしまったのである。

アメリカ政府は不良債権処理のために、大規模銀行を救済し、さらに連邦準備制度（FRB）も金融緩和をおこなったことで、アメリカ経済は崩壊の危機を脱し、2015年末頃からアメリカ経済はようやく回復へ向かった。

（2）EUの危機

2019年4月現在、イギリスがEU[注4]からの離脱を国民投票で決めたことから、イギリスのEU離脱（ブレグジット Brexit）[注5]をめぐって、イギリスのみならずEUも揺れている。しかし「金融危機」以後にも、EUは危機に直面していた。2009年にギリシャの国家財政の粉飾が発覚し、これが原因で南欧の加盟国やハンガリーなどに経済危機を引き起こしたのだ。これが「欧州債務危機」[注6]で、リーマン・ショックの影響が冷めやらぬEUを直撃した。2012年に「財政危機国支援基金」である「欧州安定メカニズム（ESM）」が発足して、ひとまず危機を脱することができた。

他方で、2015年になると、アラブ・イスラム諸国からの難民が大量にEU領内に押しよせ、EU加盟国も対応せざるをえなかったが、その対応は国によって異なった。またグローバル経済の進展において貧富の格差が拡大、固定化していく状況下

注3　この金融危機は、倒産した銀行の名称「リーマン・ブラザーズ・ホールディングス」から、日本では「リーマン・ショック」と呼ばれている。欧米では単に「金融危機」と呼ばれることが多い。

注4　EU（ヨーロッパ連合）は1993年に成立し、1999年に単一通貨ユーロを導入し、政治的・経済的に成長し、2013年に加盟国28か国を数えるまでになった。

注5　「ブレグジット Brexit」は、イギリスのEU離脱の意味。イギリスの正式な国名は、グレートブリテンおよび北アイルランド連合王国 United Kingdom of Great Britain and Northern Ireland である。この「ブリテン Britain」と離脱を意味する「エグジット exit」をあわせた言葉。「欧州債務危機」（次の項目を参照）の折に、ギリシャ Greece の離脱が現実化してときには、「グレグジット Grexit」という言葉が使用された。

注6　「欧州債務危機」は、

で、難民の流入は国内でのポピュリズム政治[注7]を助長している。こうしてＥＵ加盟国の自国中心主義はＥＵの統合の理念を揺さぶっている。

(3) 日本の状況

リーマン・ショック以降、世界経済は落ち込み、ドルの下落、さらにアメリカへの輸出の減少によって、多くの先進国が長い不況の時期に突入してしまった。日本では直接的には一部の生命保険会社や銀行が損害を被っただけであったが、バブル経済の崩壊からいまだに立ちなおっていなかったことから、日本経済に与えた影響も深刻であった。企業の倒産、派遣社員の解雇などが続き、２００９年8月の衆議院選挙では、福祉政策の充実など国民の生活不安に応える政策（マニフェスト）を掲げた民主党（当時）が大勝し、民主党政権が誕生した。その後、２０１１年3月11日、「東日本大震災」と津波が東北・関東地方を襲う。さらに福島第一原子力発電所の事故が起き、日本中に放射能汚染や原発などに対する不安が広がった。その後、２０１２年12月の衆議院選挙では再び自民党が政権をとり、第2次安倍内閣が成立した。政府がさまざまな経済政策を打ち出したこともあり、再び日本経済は、緩やかながらも、成長しつつある。

２０１２年に「財政危機国支援基金」である「欧州安定メカニズム（ＥＳＭ）」が発足して、ひとまず最悪の事態を回避することができた。

注7　ポピュリズム政治とは、大衆に迎合する政策を掲げる政治のこと。近年ではアメリカのトランプ大統領やフランスの国民戦線のマリーヌ・ル・ペンなどが知られているが、歴史的にも、ドイツのヒトラーなどもポピュリスム政治をおこなった。ポピュリスム政治は右派政党だけでなく、左派政党でも生じる。

第2節　日本における2度の「災後」とその後

（1）「災後」という区切り

「災後」というのは聞きなれない言葉かもしれない。２０１８年6月に吉見俊哉氏が上梓した『戦後と災後の間——溶融するメディアと社会』（集英社新書）がある。「戦後」とは「アジア・太平洋戦争」[注8]のあとであり、「災後」とは２０１１年3月11日に発生した「東日本大震災」のあとのことである。吉見氏によれば、「災後」という言葉は、東北地方を襲った大震災の直後、政治評論家の御厨貴氏が提案した言葉だそうである。

「災《わざわい》」とは「震災」のような自然災害のことである。確かに「火災」や「人災」などの言葉もあるが、「災後」といった場合は、人の意思や意図とは関係なく、広い地

注8　第２次世界大戦は１９３９年から１９４５年まで続いた世界的規模の戦争であった。１９４１年12月から日本が参戦した戦争は、「大東亜戦争」あるいは「太平洋戦争」などと呼ばれるが、最近では「アジア・太平洋戦争」と呼ばれる。１９３１年の満州事変と１９３７年の盧溝橋事件にはじまる日中戦争を含めて、「15年戦争」という呼び方もよくされる。

域で多くの人に影響を及ぼす自然災害のあとを指し、人が人知でもって避けることができない運命という意味合いをもつ。それだからこそ震災は、人の生き方や考え方を変えてしまうような出来事となるのであろう。しかしその反面で、亡くなった人は帰ってはこないが、仕方がなかったという思いが、少しは悲しい気持ちを癒《い》やしてくれるのかもしれない。それに対して震災をきっかけに発生した福島第1原子力発電所の事故が、そう簡単に諦めきれないのも、ひょっとしたら防ぐことができた人災であったかもしれないと、多くの人が今なお思っているからであろう。

日本では「災後」に匹敵する災害は、明治時代以降だと、「関東大震災」（1923年）、「阪神・淡路大震災」（1995年）、「東日本大震災」（2011年）の3つである。[注9]これら3つの「災後」についてここで詳しく論じることはできないが、吉見氏は前述した著書で御厨氏による3つの「災後」の比較を紹介している。

> 彼（御厨）は、東日本大震「災後」を、関東大震「災後」、それに阪神・淡路大震「災後」と比較しつつ、「災後」が後藤新平の帝都復興、同時に政党政治の危機に向かった一九二〇年代とも、あるいは「災後」が都市神戸の復興に集中していた九〇年代とも異なり、二〇一〇年代の「災後」は広範囲かつ中長期に及ぶもので、日本の歴史を根底から転換させる可能性があると論じた。（6頁）

注9 「関東大震災」による死者・行方不明者は推定で105,000人余、「阪神・淡路大震災」では6,437人（平成18年5月19日消防庁確定）、「東日本大震災」では22,233人（平成30年9月7日消防庁発表資料による）とされている。

東日本大震「災後」の影響が、「日本の歴史を根底から転換させる可能性がある」ほど、甚大かつ深奥に至るものになった背景には、大地震によって発生した津波が福島第一原子力発電所を襲い、原子炉の核燃料のメルトダウン[注10]などの被害を生じたことがあったことはいうまでもない。原子力の安全神話がもろく崩れ落ちただけでなく、放射能に汚染された核施設などの除染作業などの処理が完了するまでに数十年という歳月を必要とする「暗い現実」が、日本の政治や経済、社会、そしてそれらの変化を生み出す主体である日本国民の生き方や考え方、さらには感じ方までをも、静かに変えていったように思う。

(2)「災後」に語れることとは?

自然災害は、そして今回の原発事故も同様に、「一瞬」にして、家族や友人、家や家財道具などを奪ってしまう。不幸にも災害に遭遇した人たちは、はかり知れない苦労をし、不安のなかでの生活を余儀なくされる。直接にこうした不幸な出来事を経験しなかった人たちも、もし自分だったらどうしただろうと想像だけで、人ごとではなくなる。いつ、同じような災害に遭遇するかわからないのが、自然災害だからである。

過去に築いてきたものを一瞬にして失ってしまうと、今現在のことを考えることだけで精いっぱいになり、とても将来のことなどを考えることはできないであろう。ま

注10　原子力発電は核分裂によって生じる熱を利用して発電をするが、炉心を冷却できなくなると、核燃料が収められた炉心の温度が上昇する。そのために核燃料が溶けてしまうことを、メルトダウンという。今回の事故では炉心の容器を突き抜けて、下にたまった状態になっている。

たそのような境遇に置かれた人たちに、我々はいったいどのような言葉をかけてあげられるのであろうか？　東日本大震災後に、仙台にある大学で学生相談をしておられる方とお話をしたことを、私は今でもよく覚えている。その方は、両親と兄弟を震災で失った学生を見舞って、アパートの一室を訪ねたそうだ。部屋に入ると窓際にしつらえられた仏壇に、3つの位牌が並んでいるのを見て、何も言えなかったそうである。このような被害にあわれた方に、何かしらの励ましの言葉をかけるなどということは、簡単にできることではないだろう。震災後にキャリア相談を仕事にする人は、きっと沈黙せざるをえなかったのではないだろうか。事実私もそうであった。

リーマン・ショック後、そして日本では東日本大震「災後」に、キャリアについてこれまでのように語れなくなった。しかしいつまでも貝のように口を閉ざしているわけにはいかないであろう。本章の第4節で紹介するような、「災前」には想像できなかったような新しい活動がはじまり、すでに多くの人の心を動かしているからである。もちろん、こうした新しい動きを生み出した悲しい出来事を忘れさることはできない。災害は社会あるいは人にとっては、一瞬のうちに打ち込まれる「楔《くさび》」のようではあるのだが、決して過去と未来を断絶してしまうものでもなかろう。「楔」の打ち込まれた傷跡は残るが、その傷跡を気遣うことで、過去を思い出すとともに、また未来を描くことができるからである。

第3節　リーマン・ショック後の欧米の音楽状況

序章でも紹介した筆者が共編著者になった『音大生のキャリア戦略』（春秋社、２０１８年）には、アメリカ、カナダ、オーストラリア、イギリス、オランダの７人の研究者がそれぞれの国において、音楽大学の学生たちがどのような教育を受けて、卒業後はどのようにして音楽活動を継続しているのかが、詳しく報告されている。原書は２０１２年の出版であることから、各執筆者の記述はおおむね２０１０年以前の状況についてであったことから、２０１８年に日本で翻訳・出版する際には、リーマン・ショック後の様子を報告するパラグラフを、新たに執筆してもらった。詳しくは、翻訳書を参照してもらいたい。ここでは要約だけを紹介しておこう。

(1) アメリカ

アメリカではグローバル経済の変化がもっとも顕著に表れているようである。音楽家を含めたほとんどの労働者が、個人事業者のフリーランサーか、複数のパート労働、俗にいう「サイドジョブ」で生活する人かになってしまったという。[注11] 彼らの多くが「ギグ・エコノミー gig economy」――インターネットを通じて仕事を単発で受注して生活すること――で生活しているという。こういう時代になって、音楽家は起業について、考えなくてはならなくなっていると、報告者のひとりであるアンジェラ・ビーチング[注12]は主張している。

アメリカからのもうひとりの報告者は、2008年以降低迷し続けた経済が、大卒生が社会人として独り立ちするプロセスに悪い影響を与えているという。特に、学生時代に借りた奨学金の負債総額が膨大であることを問題にしているのだ。しかし近年では失業率は低下し、政権がオバマからトランプに代わる頃には、雇用の見通しも明るくなったという。

これから若い音楽家たちが生きていくには、ストリーミング・サービス、[注13] ソーシャル・メディア、インターネット配信などの音楽以外の新しいスキルの修得や、多様な人たちから構成される新しい聴衆を前にして、革新的な演奏スタイルやジャンルを超

注11 マッキンゼー社の2016年の報告書によれば、アメリカとヨーロッパの全労働人口の20～30%、ざっと1億6200万人が、雇用されないで、なんらかの形で独立した事業で働いているそうだ。

注12 アンジェラ・ビーチングは、ニューイングランド音楽院やマンハッタン音楽院で音楽学生のキャリア支援を担当してきた。彼女の『ビヨンド・タレント 日本語版 音楽家を成功に導く12章』(2008年、水曜社、箕口一美・訳)は、世界中の音楽家に読まれている。日本にもこれまで2回来日し、多くの日本人音楽大学生に励ましの言葉を送ってくれた。

注13 ストリーミング streaming とは、音声や動画などのデータを

えたレパートリーの拡大、分野を超えた協同やマルチメディアの活用が重要だという。音楽大学もこうした社会や技術、そして音楽における変化と期待に応えるべく、起業精神やリーダーシップを育成する教育カリキュラムを急速に増している。

(2) カナダ

カナダでも日本と同様に、音楽大学・学部などに進学する人の数が減少し、理数系の大学・学部への入学者が増加しているという。減少を食い止めるのには、大学・学部の抜本的なカリキュラム改革が必要であると、報告者は力説する。彼は知り合いの高校教師の声を伝えている。「いい生徒が音楽大学に行かないのは、今日の生徒にとって音楽大学での教育内容が堅苦しくて、時代遅れと感じているからだ」この言葉に、日本の音楽大学関係者も耳を傾けるべきではないだろうか？

報告者の大学ではコミュニティ・ミュージック[注14]の分野で新しい学科や専攻を設立し、多くの学生を集めているらしい。さらにオンラインで科目の多くを提供しているポピュラー音楽の学科には、多くの学生が入学している。大学は今後も広く大衆受けする科目をどんどん提供していくばかりでなく、公共機関や企業との連携も必要だという。新しい教育分野や社会連携では、社会や職業における体験学習が重視されるが、これも生徒や学生たちが多様化していることの現れだと指摘している。

転送あるいは再生するダウンロード方式のひとつで、ダウンロードしつつ再生ができることから時間の短縮ができる。定額料金で音楽などを自由にストリーミングできるサービスが普及している。

注14 音楽活動を通して地域社会の活性化や課題解決を目的とする。コンサートホールだけでなく、学校や病院などでの演奏活動の重要性が、音楽家のみならず、地域住人にも認識されつつある。

(3) ヨーロッパ

ＥＵは複数の国から構成されていて、ヨーロッパ全体として説明することは難しいとはしながらも、報告者はいくつかの傾向を指摘している。クリエイティブ産業が成長していること、音楽家はフリーランスとしてポートフォリオ・キャリアで働くことが多くなったこと、起業精神[注15]が求められる働き方が重要になっていることなどを挙げている。

また１９９８年にはじまった「ボローニャ・プロセス」[注16]が２０１０年に完了して、ＥＵの高等教育機関での研究教育の連携が進んでいることは、ＥＵの大きな特徴となっている。そして２０１１年から２０１４年にかけて、ヨーロッパ音楽大学協会は「起業教育としての生涯学習」という名前のワーキング・グループを立ち上げ、音楽における起業モデルや、音楽大学や職業現場における起業精神の育成の方法を研究し、ヨーロッパの音楽高等教育にイノヴェーションを起こそうとしている。

(4) イギリス

イギリスは今現在ＥＵに加盟しているが、「ブレグジット」の行方がまだ不透明で

注15　英語ではentrepreneur（アントレプルヌール）という。近年ではスタートアップ start up ともいう。会社を起こすだけでなく、新しいビジネスモデルを構築して、新しいサービスを提供するような活動をはじめることを指すことも多い。

注16　「ボローニャ・プロセス」とは、ＥＵにある大学などの高等教育機関における学位認定や単位認定の基準を統一して、ＥＵ国内の学生や教員の自由な移動や交流を認める合意。これによって大学卒業後も域内での人的移動が活発になった。学位、免許・資格については、本書の第８章第５節を参照してほしい。

ある。しかし国民投票によってEU離脱が決定されたことで、大きな影響がすでに出はじめているようである。特に、教育と芸術の分野は財政面での削減と改革が推進され、学校の音楽教育では、予算の削減によって音楽の専科教員の数が減らされ、音楽を学ぶ児童や生徒の数も減少しているという。こうした状況になり、音楽大学の卒業生にとっては、変化する政治的・社会的・財政的な状況に機敏に対応できる、柔軟性のある自分（アイデンティティ）[注17]を養っていくことの重要性が、以前にもまして重要になっていると、報告者は警告している。

　このようなニーズに対応してロンドンの王立音楽院の、ふたつの新しい取り組みが紹介されている。ひとつは「芸術と健康」に関するプロジェクトだ。学生たちは、メンタル・ヘルス[注18]を改善するための打楽器ワークショップや、産後にうつ状態になってしまった母親たちの合唱活動を、手伝っている。学生たちは、健康や音楽のための定められた訓練を受けたり、音楽以外の場面でリーダーシップを発揮したりするなどして、求められる役割を果たすことで、自身のポートフォリオをより豊かなものにしていることが報告されている。[注19]

　もうひとつは、2011年に大学院修士課程に設置された「演奏科学修士」課程である。この課程では基礎科目として、演奏心理学、教育学、健康学、調査法を学び、演奏に関係する実生活上の課題の解決に向けたプロジェクトを企画しているという。さらに2018年9月に、新たに「教育学修士」課程が設置され、音楽活動での教育

注17　「柔軟性のある自分（アイデンティティ）」は少々矛盾した表現であるかもしれない。アイデンティティ identity とは「自己同一性」と訳されるように、自分が何であるのかという明確な意識をもっている状態を指すからである。「柔軟性のある自分」とは、たとえば、自分はピアノをずっと勉強して音楽大学まで入学してきたのだから、将来の職業はプロのピアニスト以外には考えられないと思い込んでしまうのではなく、その他の音楽関連の職業に就いたり、別の領域の職業とのコラボレーションなどを模索したりするなど、「自分は〇〇である」という固定観念から解放されることを意味する。

注18　メンタル・ヘルスは心の健康のこと。ストレスや不安などを軽減して、心が安定した状態にあること。世界保健機関は1999年に、次のような「健康の定義」を提案した。健康とは何であるかを考えさせてくれる定義である。まずは英語で、見てみよう。"Health is a dynamic state of complete physical, mental, spiritual and social well-being and not merely the absence

学的経験を積むことで学生の職業的スキルを向上させるという、実践研究を目的とした応用的な教育研究がおこなわれている。[注20]

（5）オーストラリア

オーストラリアの経済は、政府が雇用や経済成長を促進するために大規模な公共事業に財政支出したことで、リーマン・ショックによる景気停滞の影響は比較的、軽傷にとどまったという。しかし芸術関連の政府予算が大幅に削減されて、多くの音楽家たちが影響を受けたことが指摘されている。こうした予算削減は、２０１３年に保守連合政権が誕生してから実施され、特に影響を受けたのは、クラシックやニュークラシックなどの、国からの助成に頼ることの多い、非営利で活動する分野だという。オーストラリアには慈善事業に対する税優遇措置が整備されていないことも、原因のひとつであると、報告者は強調する。

音楽市場がデジタル配信やストリーミング・サービスへと変化したことも、重視されている。特に、オーストラリアの作曲家たちの利益配分は、オンライン・サービスのサブスクリプション[注21]の急速な増加によって、改善されつつあると報告されている。

10年前までは全盛だったライブの音楽演奏による興行収入の見通しはというと、グ

of disease or infirmity."日本語に訳すと、「健康とは、身体面（physical）、精神面（mental）、スピリチュアル面（spiritual）、社会面において、完全に良好な状態（well-being）である、心のバランスのとれた状態（dynamic state）で、ただ単に、病気（disease）や虚弱（infirmity）でないということではない。」スピリチュアル面で良好である状態とは、たとえば、美しい花を見たり、小鳥のさえずりを聞いたりして、自然の恵みを感じられる心の状態である。

注19　ここで紹介されたふたつの取り組みであるが、本書の内容とも密接に関連している。「芸術と健康」のプロジェクトに参加する学生たちは、本書の第４章や第６章で取り上げる「ティーチング・アーティスト」や「コミュニティ・ミュージシャン」といえる。本書ではアメリカの例が紹介されているが、これはイギリスの興味深い例である。

注20　「演奏科学修士」課程での学修内容――演奏心理学、教育学、健康学、調査法、課題解決学習（ＰＢＬ）――は、本書の第８章「現代の音楽家の学び」で提案

ローバル企業がオーストラリアの市場に参入したことで、ツアーコストの増加を招き、今のところ、現状維持らしい。若い音楽家たちにとっては、満足できる状態ではなく、音楽実践のすべての側面をカバーするスキル（演奏、音楽性、作曲、プロデュース）のアップ、さらにネットワーク作り、コミュニケーション、マーケティング、ビジネス・マネジメントにも通暁することを求めている。

またオーストラリアに特有な問題として、英語をネイティブに話せない人たちのフォローが必要とされている現状がある。さらに、学校で芸術教育の質の担保も重要な課題になっている。高等教育においては予算が縮減されており、芸術インターンシップ、芸術関連の職業紹介、キャリアや起業教育に関連する科目の開設などが相次ぎ、時代のニーズに応えているようだ。

（6）共通する傾向

欧米先進国の状況と取り組みを見ると、3つの傾向を指摘できる。ひとつは、公的な予算や資金からの援助が減少していること。これによって、学校教育における芸術教育が危機に瀕《ひん》していること。芸術教育がこの危機から脱出するためには何が必要なのだろうか？[注22]

ふたつめは、音楽家にも音楽以外の知識や技能が求められていること。すべての仕

される学習内容ときわめて近い。これまでは成人の学びの対象であった内容が、学校や大学での学びの対象になっている。成人の学びについては、第8章第3節で詳しく説明している。

注21　消費者が物を購入するのではなく、物を一定期間利用する権利に対して、料金を支払う方式。たとえば、音楽のストリーミング・サービスを利用する場合に、期間ごとに定額料金を支払う方式をいう。

注22　芸術教育の危機から脱出するための方策として模索されているのが、芸術と教育との融合である。これについては本書の第5章「聴衆参加を促す「インタラクティブ演奏会」」で考察する。

事に通暁する知識や技能を修得して、自らの職業的能力の汎用性《はんよう》——これを「エンプロイアビリティ」[注23]という——を高めることが求められているのだ。『音大生のキャリア戦略』の編著者のひとりであるベネットは、エンプロイアビリティを「意義ある仕事を見つめ、創造し、持続させ、生涯に渡って学び続ける能力」（2018年）と定義し、エンプロイアビリティを発達させることが、学生たちが意識面でも社会面でも、知識や技能に優れた個人、専門家、そして市民として成長することにつながると主張している。

3つめは、欧米の音楽大学では、こうした社会的ニーズの高まりを受けて、さまざまな改革やプロジェクトが進行していることだ。社会的ニーズを満たせる人材養成ができてこそ、はじめて音楽大学への進学者が増やせるとの思いからだ。音楽大学での専門教育の伝統的でコアな部分を維持しつつ、時代のニーズにあった教育研究に拡大していくしか、生き残る道はないと思われる。問題はそのバランスだ。これは大学がそれぞれに決めればいいことで、それが大学の個性化、差異化につながるのである。どちらか一方に偏れば、それは船の積み荷を片側だけに置くことに等しいだろう。[注24]

注23　汎用的な職業能力のこと。音楽家のエンプロイアビリティを高めるための学びについては、本書の第7章と第8章で詳しく説明した。

注24　これからの音楽大学については、拙著『2018年問題とこれからの音楽教育』（ヤマハミュージックメディア、2017年）の第5章「音楽大学はなぜ必要なのか」で詳しく論じた。

第4節 「災後」の日本の音楽状況

(1) 仙台フィルの取り組み

2011年3月11日の東日本大震災は、仙台市を拠点とする仙台フィルハーモニーとその団員にも多くの被害をもたらし、団体の音楽活動のみならず、団員個人の生活や人生にも大きな影響を与えた。国立音楽大学大学院を2016年3月に修了した秋山由衣さんは、修士論文「東日本大震災後の復興支援における音楽活動の意義――仙台フィルハーモニー管弦楽団と「音楽の力による復興センター・東北」の活動を事例として――」において、インタビュー調査を通して、団員たちのキャリア意識の変化を克明に調査した。ここではその一部を紹介したい。

仙台フィルの活動拠点であった仙台市青年文化センターは多大な被害を受け、活動の場所を失った。しかし仙台フィルのメンバーは、震災からわずか2週間後の3月26日に、第1回復興コンサートを実施している。しかも会場になったのは、同じ仙台市内の宮城野区にある佛光山見瑞寺境内のバレエスタジオであった。実はこの寺のご住職は、市民オーケストラとして発足した宮城フィルを立ち上げた中心的人物であり、初代常任指揮者を務められた片岡良和氏であった。演奏会は午後2時からの1時間とされ、「温かさ、安らぎ、祈り」をコンセプトに選曲された。このときの聴衆の数は110名。しばし震災の不安を忘れ、身も心も音楽により沿った。最後の「ふるさと」は来場者と団員たちがともに歌って幕を閉じた。

しかしこの復興コンサートの実施に至るまで、団員たちにはさまざまな葛藤があったという。「食べ物も水もないと困る状況のなかで、はたして自分たちの仕事には何か意味があるのか」という自問自答を繰り返した団員。「何もやらなかったら今まで何のために音楽を勉強してきて、そして何でプロのオーケストラである仙台フィルが仙台にあるのかっていう意味がなくなっちゃうでしょう。だから、なんらかの形で動いて役に立とうっていう気持ちがみんなにあった」と、一歩踏み出した団員。さらに「自分たちも半信半疑であったが、それでも音楽の力を信じて演奏をしてみるしかないという気持ちもあったのだろう」と、心のうちを正直に語る団員。そして演奏を終えた団員のひとりは、こう語ったという。

音楽によるいつもの感動とは異なる種類の思いが、大災害を経験した皆さんにもあったようです。…われわれは、音楽を求めている人がいる限り、音楽を提供する義務があるのだと確信しました。また、演奏に集中することによって私の精神のバランスがとれて、私自身が癒されていることにも気づきました。

2011年3月の東日本大震災のあと、被災地のみならず、全国各地で、被災地の人たちのためにと多くの音楽会が開催された。このような場合にも、本当の意味での「音楽の力」[注25]を理解していないと、反感まで招くことはないにしても、音楽の押しつけや偽善になってしまう恐れがある。音楽は人の心を癒やす力があることは確かであるが、音楽を提供する人だけがその力を専有しているわけではないことを、覚えておく必要がある。音楽に耳を傾けて自分のこれまでの経験のなかに、今聴いている音楽を注ぎ込んでくれる人がいるからこそ、音楽は力を発揮するのである。そして音楽が演奏する人と聴く人との間に共有されることで、両者の間に化学反応が起きて、人と人が音楽を通してつながりあうのである。音楽は「触媒」のような働きをするわけである。

注25　演奏者と聴者との間の「音楽の力」の双方向性については、本書の第5章で詳しく説明する。

(2) エル・システマジャパンの取り組み

エル・システマとは

「エル・システマ」[注26]は1975年にベネズエラの音楽家ホセ・アントニオ・アブレウ(1939-2018)が設立した「国立青少年オーケストラネットワーク」である。エル・システマは、貧困層の子どもたちに無償で楽器や教育を提供する。こうすることで、子どもたちは自ら学び、社会に積極的に参加する意欲をもてるようになり、貧困から脱して、将来への希望をもてるようになる。子どもひとり一人が成長していくきっかけを与えるのである。ベネズエラではその後少年犯罪が減少し、地域社会の健全な発達も可能になったという。[注27]

この活動はすぐさま世界中に広がり、特に2009年からロサンゼルス・フィルハーモニックの音楽監督を務める指揮者のグスターボ・ドゥダメル(1981-)が、このエル・システマで最初の音楽教育を受けた音楽家であることで話題になった。またベネズエラでは、草の根的な音楽教育活動が実り、1999年に「シモン・ボリバル・ユース・オーケストラ・オブ・ベネズエラ」が、2010年には「テレサ・カレーニョ・ユース・オーケストラ」が設立されている。

一方で世界の国や地域でも、エル・システマの理念を掲げる運動が展開され、

注26 「エル・システマ」は「国立青少年オーケストラネットワーク」のスペイン語表記である、"El Sistema Nacional de Orquestas y Coros Juveniles e Infantiles de Venezuela"の最初の2語に相当する。英語でいえば、"the system"となる。

注27 子どものこのような学習過程は、変容的学習といえるであろう。本書の第8章では、開発途上国における識字教育の現状を研究したフレイレの理論を紹介している。

２０１８年には、65の国や地域に及び、３８０以上のプログラムが展開され、１００万人近くの子どもたちが参加している。こうしたプログラムはそれぞれ独自の取り組みをおこなっており、共通するのは音楽のアンサンブルを通して子どもたちの精神的・社会的発達を促すという、エル・システマの理念である。２０１６年に設立された「ザ・ワールド・アンサンブル The World Ensemble」は、インターネットを通して、世界各地での活動を紹介しているので、閲覧してもらいたい。

エル・システマジャパンの設立

「エル・システマ」に刺激された世界運動を日本で展開するために、２０１２年３月23日、東日本大震災からちょうど1年が過ぎた頃に設立されたのが、「一般社団法人エル・システマジャパン」である。法人の公式ウェブサイトには、次のように設立の経緯が説明されている。

東日本大震災の被災地の子どもたちを支援するために２０１２年3月23日に設立され、地方自治体との協力のもと、「音楽を通して生きる力を育む事業」を実施しています。子どもたちは仲間と一緒に音楽を学びながら、他者とのコミュニケーション力を磨き、人生を切り開く力を身につけています。活動の礎となっているのは、ベネズエラで40年ほど前に産声をあげた、「エル・システマ」という音楽教育プログラム。家庭の経済状況や障がいの有無に関係なく、どんな子どもでも無償で参加できる「エル・システマ」は、今や世界70以上の国や地域で展開されています。子どもたちが音楽を通してたくましく成長するとともに、子どもたちを中心に地域が活性化されることをエル・システマジャパンは目指しています。（公式ウェブサイトより）

法人が設立された2カ月後には相馬市と連携協定を結び、その2年後には岩手県大槌町、そして2017年には長野県駒ケ根市との連携協定に至り、震災後の復興支援からさらに芸術を生で体験する機会の少ない地方へと、活動領域を広げている。

エル・システマの理念を掲げて音楽教育を普及させたことで、相馬市には「相馬子どもオーケストラ&コーラス」が結成され、現在、総勢120名の子どもたちが、音楽活動を展開している。また大槌町では「大槌子どもオーケストラ」が結成されている。駒ケ根市でも学校支援や音楽教室の開設など、各地域のニーズに応じて、音楽が地域や社会に対してできることが模索され、確実に実現されている。

芸術を生で体験することが難しい人というのは、地方で生活している人だけではない。障害をもった人、特に、聴覚障害のある子どもたちの場合、音が聞こえないだけでなく、発話も困難になる。しかしこうした聴覚障害の子どもたちが「手歌」で合唱をおこなう「東京ホワイトハンドコーラス」が設立され、その活動もエル・システマジャパンの活動のひとつだ。

障害のある子どもと健常な子どもとの混成合唱団で、障害のある子どもたちが白い手袋をして、手歌を披露することから、「ホワイトハンドコーラス」と呼ばれる。そして声による合唱を担当するのは、健常者のグループである。このふたつのグループにはそれぞれに指揮者がいて、健常者の歌声にあわせて、歌われている歌詞の内容を障害者が手歌で表現する。

このコーラスは「手話コーラス」ではない。たとえば、手話では「雨」は、指先を下に向けて、両手を2回、上下させることで表現される。手の上げ下げの速さや顔の表情で雨の強さを表現できるが、動作の基本形は維持しなくてはならない。しかしホワイトハンドコーラスでは、ざあざあ降る雨、小雨、霧雨などのさまざまな雨を、手で表すが、その表現方法はそのコーラス独自のもので、共通する動きではないのだ。そこに各人の創造性が発揮されるのである。

YouTubeでホワイントハンド

コーラスの演奏や練習風景を視聴できるので、ぜひご覧になっていただきたいと思う。またエル・システマジャパンでは、聴覚障害者だけでなく、発達障害や四肢障害などのある子どもたちにも参加を呼びかけ、相馬市の子どもオーケストラとの共演など、これからもさまざまな展開が繰り広げられようとしている。

第5節 レジリエンスからプロスペクトへ

「レジリエンス resilience」という言葉をご存知だろうか。もともとは物理学の用語である。たとえば、ボールに力を加えると、ボールはへこむが、力を抜くとまたもとの形に戻る。このように外からの力によって生じた歪《ゆが》みを跳ね返す力のことである。心理学では、人がつらい状況――事故、貧困、虐待など、人に精神的苦痛を与える事象は多々ある――に置かれたあとに、立ちなおる精神力のことを意味する。

同じようなつらい状況に置かれても、人によって受ける精神的ダメージは異なる

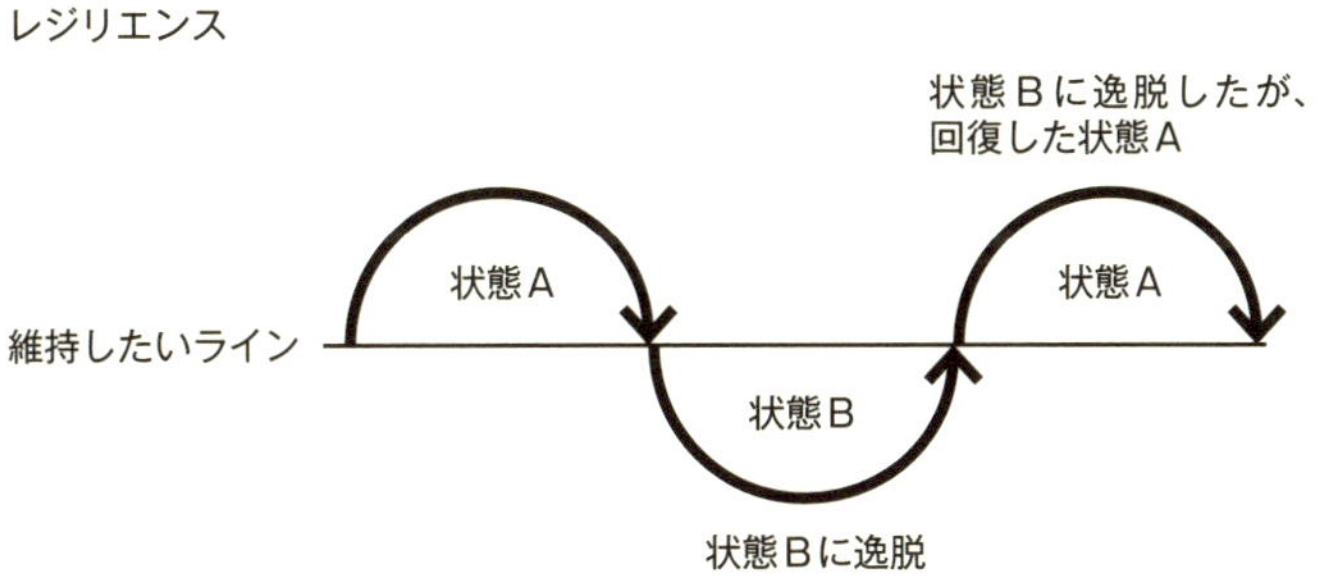

し、また回復する時間も人によってさまざまである。心理学的な研究によれば、自分を肯定的にとらえられる人、将来を肯定的にとらえられる人、自分の置かれている状況が客観的に見られて感情のコントロールができると人のほうが、レジリエンス力が強いといわれている。

アメリカ心理学会の公式ウェブサイトには、「レジリエンスへの道 The road to Resilience」というページがあり、そこには「レジリエンスを高める10の方法」が示されている。[注28]

1. 家族や友人とよい関係を作る
2. 危機を耐えがたい問題だと思わないようにする
3. 変化を人生や生活の一部として受け入れる
4. 現実的な目標をもってそれに向かって歩む
5. 逆境に向かって行動を起こす
6. 新しい自分を発見できる機会を探す
7. 自分自身を肯定的に見られるようにする
8. 長い目でものごとを見るようにする

注28 アメリカ心理学会の公式ウェブサイト：https://www.apa.org/helpcenter/road-resilience

9．希望をもって見通しを立てる

10．自分自身を大切にする

実際に東日本大震災のような災害を被災して、大切な人や物を失った人たちに対して、上述したような考え方や気持ちをもちなさいというわけではない。これまであまりつらい経験をしたことがない人でも、日々の生活のなかで、比較的小さな問題や困難に直面したときに、冷静になって、上の10の方法を実践してみて、レジリエンス力を高める訓練をするといいのかもしれない。

筆者は生まれつき楽天的な性格なので――といっても、努力をしなくてもなんとかなるとは考えてはおらず、人一倍努力する性格ではあるが――、立ちなおりは早いほうである。妻や友人に相談したり、乗り越えられない試練を神様は与えないと、このときばかりは神様に登場してもらい、長い人生でこんなこともあるだろうと、割り切ってしまったりする。

とりあえず今できることからはじめて、これを乗り切れば、ひと皮むけた、新しい自分が発見できると信じることである。楽しいことを考えて、それの実現をめざして、一歩踏み出す。なんとかなるだろう、あるいはなるはずだ、自分にはなんとかできるだろうと、根拠のない自信をもつことも、このときばかりは大切なのかもしれない。周りから見れば、自分勝手で、独りよがりな人間に見えるかもしれないが、これが自分自身を大切にすることでもあるのであろう。

仙台フィルの方々の震災後の行動を見ても、全員が同じように考えて、行動されたわけではないだろう。しかし一歩踏み出し、周りの人を巻き込んで、前に進まれた方は、きっとレジリエンス力が比較的高かった方であろう。リーダーシップには、レジリエンスは不可欠な資質であると思われる。

第2章

人生100年時代の音楽家の生き方と働き方

第1節 人生100年時代とは

(1) 長生きすればリスクも高まる

「人生100年時代」というフレーズは、もう少々使い古された感がある。もともとは、ロンドン・ビジネススクールでともに教鞭をとるリンダ・グラットン[注1]とアンドリュー・スコット[注2]が2016年に出版し、世界中でベストセラーになった『ライフ・シフト――100年時代の人生戦略』[注3]（東洋経済新聞社）の書名に由来する。ふたりの予測では、2107年には、先進国では50%以上の人が100歳以上まで生存しているという。

先進国でもっとも少子高齢化が進行している日本では、多くの人々の関心を呼び、特に政府が「人生100年時代構想会議」（2017年9月11日）を立ち上げ、著者の

注1　リンダ・グラットン（1955-）、イギリスの組織心理学者。リバプール大学で心理学を学び、卒業後、イギリス航空に入社。1989年からロンドン・ビジネス・スクールで教鞭をとる。

注2　アンドリュー・スコット（1965-）、イギリスの経済学者。オックスフォード大学でマクロ経済を学ぶ。特に金融財政が専門だが、長寿化Longevityについても研究している。

注3　原題は、"The 100-Year Life. Living and Working in an Age of Longevity"

グラットン氏を招聘《しょうへい》したことで、マスコミも大きく取り上げた。安倍内閣が掲げる「一億総活躍社会」の実現に向けての「新・三本の矢」――「希望を生み出す強い経済」、「夢をつむぐ子育て支援」、「安心につながる社会保障」――とも直結するテーマであった。

「人生100年時代」になると、一番何が問題となるのであろうか。第1章で見たように、人の人生は一瞬のうちに跡形もなくなってしまうことがある。日本に住んでいれば、地震にあう危険性は高い。同じ都市で同じ地震を経験したとしても、大きなビルにいるときと、地下鉄に乗っているときとでは、生命を脅かす危険性は大きく異なる。長く生きれば生きるほど、運・不運に左右されるリスクは長期間に及ぶ。年金だけでは生活できないだろうと考えて、預貯金に精を出したところで、長生すればするほど、預貯金が目減りするのは避けられない。あなたの人生はあと何年で終了しますよと、神様が言ってくれるならば、預貯金を計画的に取り崩していけるが、そうはいかない。

余生期に再びリカレント教育[注4]を受けて、新しい仕事をはじめるにしても、その仕事すらもすぐさま時代遅れになるかもしれないだろうし、そもそもリカレント教育を基礎にして起業するということだって、誰彼にできるものでもないだろう。

注4 リカレント教育とは、義務教育などを終えて労働者になってからも、再度、学校などの教育機関で教育を受けること、あるいは、そのような教育を可能とする制度のこと。成人教育、社会教育ともいわれ、生涯学習のひとつである。回帰教育、循環教育と訳されることもある。リカレント recurrent は英語の recur の名詞形で、語源はラテン語で「戻る」を意味するリクレッレ recurrere である。詳しくは、本書の第8章を参照してほしい。

（2）海図としてのキャリア・デザイン

現代の日本の学校教育でおこなわれている「キャリア教育」[注5]では、自分の将来を思い描いてみること、端的にいえば、「キャリアをデザインする」ことの大切が教えられている。自分の興味や関心から——高校生までの段階では資質・能力はあまり考慮されていない——、将来に就きたい職業や将来なりたい職業人を調べて、具体的に人生をプランニングしていくわけである。

こうした「自分探し」的なキャリア教育——心理学の発達理論を基礎にした教育——に対して、多くの研究者が疑問を呈し、改善策を提案している。新書版として読みやすい好書に、児美川孝一朗氏[注6]の『キャリア教育のウソ』（ちくまプリマー新書、2013年）がある。政治や社会の情勢というリスク要因を考えずに、はたまた自分の資質・能力を客観的に評価することをせずに、ただただ将来の職業という「夢」を追いかけることに駆り立て、夢を語ることのみを推奨する「キャリア教育」の欺瞞《ぎまん》性を、児美川氏は指摘している。もちろん児美川氏はキャリア教育そのものを否定しているわけではなく、もっと「地に足がついた教育」を提言している。

他方で、本書の読者のように、なんらかの形で音楽活動や音楽教育に携わっている人たちからすれば、「地に足がついた教育」はともすれば、子どもたちにとっては

注5 キャリア教育とは、文部科学省の定義（中央教育審議会答申「今後の学校におけるキャリア教育・職業教育の在り方について」）によれば、「一人一人の社会的・職業的自立に向け，必要な基盤となる能力や態度を育てることを通して，キャリア発達を促す教育」とされている。今日のキャリア教育の問題については、拙著『大学では教えてくれない…』（ヤマハミュージックメディア、2018年）の「プロローグ」などを参照してほしい。その他に、児美川孝一朗『キャリアのウソ』（筑摩書房、2013年）がキャリア教育を批判的に論じた好著である。

注6 児美川孝一朗（1963－）、日本の教育学者。キャリア教育など、日本の教育の現状に警告を発している。現在、法政大学キャリアデザイン学部教授。

「身も蓋《ふた》もない」話になってしまわないだろうか。「将来はオペラ歌手になりたいが、音大に入学しても、なれる人は限られているから」とか、「最近は音大を卒業しても、企業に就職してしまう人が多そうなので、音大で音楽を専門に勉強してもムダなんじゃない？」というような意見も、よく耳にする。はたしてそうなのであろうか？

筆者はただ夢を追うだけの「キャリア・デザイン」を推奨しないが、現代の日本社会のような「リスク社会」[注7]——それは荒海に形容できるであろう——に船で漕《こ》ぎ出す若者には、せめて海図を——できればコンパスや方位磁石とあわせてもって、ライフジャケットを装着してもらいたいと思う。現代流にいえば、電子海図システムを装備する必要はあるであろう。万が一、船が遭難して海に放り出されたにしても、ライフジャケットさえあれば、救助が来るまで波間を漂っていられるだろう。

キャリア・デザインは、海図を見ながら自分で航路を決めることに似ていている。

注7 「リスク社会」は、ドイツの社会学者ウルリッヒ・ベック（1944-2015）に由来する。ベックは自然や社会に存在するリスクのみならず、個人の人生やアイデンティティ形成のリスク、さらにグルーバル社会のリスクを指摘して、現代の社会を「リスク社会」と呼んだ。リスク社会に関するベックの著書には、『危険社会』（法政大学出版局、1998年）、『世界リスク社会論テロ、戦争、自然破壊』（筑摩書房、2010年）、『世界リスク社会』（法政大学出版局、2014年）などがある。

目的地は同じでも、人によって航路は違っていい。行く手に岩礁が見えれば、手前で舵を切ればいいし、嵐が近づいてくるようなら、迂回《うかい》してもいい。最終的な目的地は変更しない。しかし本当に、このまま航海を続けることができないとわかれば、別の船に乗り換えても、目的地を変更してもかまわない。いずれにしても、航海を続けるにあたって、岩礁や浅瀬の位置を事前に確認し、天気予報もこまめにチェックしておく必要があるのは当然だ。

夜になれば、灯台や北極星などの星を頼りに航行することもある。機械――インターネット――に頼らず、自分の眼で灯台や星を見て、自分の肌で風の流れを感じて、自分自身で判断することが基本である。北極星の方向が目標だとしても、もちろん北極星は手に届くことは決してない。いつも同じ位置で光っているだけである。しかしたとえそうであっても、途中で楽園の島を発見するかもしれないし、イルカやクジラの群れに遭遇するかもしれない。人生という航海はそんなものかもしれない。

大学を卒業して社会に出てからの人生は、およそ半世紀近くの時間に相当する。社会に出てからの人生という海は、ときに静かだったり、ときに荒れ狂ったりする。そして半世紀にわたって、人はオールを漕ぎ続けなくてはならないのだ。キャリア教育の目的は、海図の読み方を学び、海にある障害を知り、そして万が一のことを考えて、ライフジャケットを身につけて、非常用の食糧を船に積んでおくことを教えることだといえるだろう。同じボートでも、強力で故障しないエンジンがついて、装備も完璧であれば、それにこしたことはない。しかしすべての人が安全な船を操縦できるとは限らないのではないだろうか。

キャリアをデザインすることは、ただ人生の計画を設計するだけではない。大海原で遭遇するすべての危険に対応できるように、準備をしておくことである。肉体の訓練をせず、何の装備もなくて、エヴェレストに登山する人はいないのと、同じである。

第2節 ライフ・ステージ・サイクル

(1) ライフ・ステージとは

自分のキャリアをデザインするうえで大切となるのが、「ライフ・スタイル」と「ライフ・ステージ」という鍵となる概念である。カタカナ語ばかりで恐縮であるが、日本語であえていえば、「生活様式」と「人生段階」となる。しかし日本語で表現してしまうと、英語での本来の意味とずれてしまうので、注意が必要である。

「生活様式」といってしまうと、洋風な生活をするとか、家に和室があるとかいうような、生活の表面的な様式を指してしまうが、キャリアをデザインする際にライフ・スタイルといった場合に、そのような生活様式を選んだその人の、人生観や価値観が反映される。したがって、職業を選択する場合に、サラリーマンのように雇用されて働くのか、あるいは、フリーランサーのように個人事業主として働いて生計を立てるかという場合、どちらのライフ・スタイルを選ぶのかが重要となる。勤務時間と余暇がしっかりと分けられた生活を送るのか、仕事の時間や内容を自分の裁量で決められる職業人生を送るのかとは、働くうえで最初の基本となる選択である。[注8]

ライフ・ステージについても、単に、○年から○年までの時期、小学生だった時期、東京都に住んでいた時期という意味で使用することはあまりない。キャリアをデザインするうえで「ライフ・スタイル」という場合、ライフ・スタイルの場合と同様に、その人の精神的発達、とりわけ社会と関係する心理学的な発達の度合いと密接に関連するのだ。

たとえば、アイデンティティという言葉を社会心理学的に定義したエリク・エリクソン[注9]などは、人生を8つのライフ・ステージ――乳児期、幼児期前期、幼児時期後期、学童期、青年期、成人期、壮年期、老年期――に区分している（**表1**を参照）。

注8　さまざまな働き方については、拙著『大学では教えてくれない音大・美大卒業生のためのフリーランスの教科書』（ヤマハミュージックメディア、2018年）の第1章「フリーランスという働き方」を参照してほしい。

注9　エリク・エリクソン（1902－94）はアメリカの社会心理学者。「アイデンティティ（自己同一性）」という概念を提唱したことで有名。

ここで大切なことは、各ステージにはその時期に達成されるべき「発達課題」が含意されている点である。たとえば、青年期には「同一性」[注10]の獲得が発達課題で、「同一性拡散」へと向かう危機的傾向があると考えられる。その時期に課題が十分に達成されないまま、次のステージに移行してしまうと、なんらかの精神的な困難を経験すると考えられているのだ。たとえば、乳児期には両親、とりわけ母親との信頼関係が築かれていないと、幼児期や学童期になって、親離れができないなどの困難を生じることがあると考えられる。彼の理論は「心理社会的発達理論」と呼ばれる。

表1　エリクソンの個体発達分化のステージ

発達段階	心理・社会的危機所産	人格的活力（徳）
乳児期	信頼 vs 不信	望み
幼児前期	自律性 vs 恥、疑惑	意志
幼児後期	自発性 vs 罪悪感	目的感
学齢期	勤勉性 vs 劣等感	有能感
青年期	同一性 vs 同一性拡散	忠誠心
初期成人期	親密性 vs 孤立	愛情
成人期	世代性 vs 停滞性	世話
高齢期	統合性 vs 絶望	知恵

鑪 幹八郎『アイデンティティの心理学』（講談社現代新書、1990年）54頁を参考に、筆者作成

日本では2019年度の通常国会で「幼児教育無償化法案」が審議されたが、そのときに話題になったのが、アメリカのノーベル経済学者ジェームズ・J・ヘックマン[注11]の『幼児教育の経済学』（原著2013年、翻訳2015年、東洋経済新報社）である。

彼の主張は明確である。ひとつは、「就学前教育がその後の人生に大きな影響を与えること

注10　「自己同一性」、「アイデンティティ」のこと。第1章**注17**を参照。

注11　ジェームズ・J・ヘックマン（1944－）、アメリカの経済学者。シカゴ大学教授。労働経済学、計量経済学が専門で、2000年にノーベル経済学賞を受賞した。

を明らかにしたこと」[注12]、もうひとつは「就学前教育で重要なのは、IQ[注13]に代表される認知能力だけではなく、忍耐力、協調性、計画力といった非認知的能力も重要」であることだ。適切な時期に適切な教育が必要であることが強調されるのも、ライフ・ステージが単なる人生の年代による区分だけではないことの証左である。

ステージを区切ったり、その時期の節目となったりする出来事は、「ライフ・イベント」と呼ばれる。入学、卒業、就職、結婚、出産、退職などがある。ライフ・ステージという言葉を使用する場合、人生を「階段」や「河川」にたとえることが多い。ライフ・イベントは「段差」だったり、「滝」だったりするわけだ。ここから大きな節目を超えると、比較的安定した時期となると考えられる。

「ライフ・スタイル」が意味する人生観や価値観をきちんと理解して、自分の判断で選択できること、さらに自分が今どのようなライフ・ステージにいるのかという客観的な理解――これはエリクソンの理論に自分の発達段階をあわせたり、診断したりすることではないので、注意してほしい――、つまり、今後の成長にとってすでに何が達成できていて、また何が達成できていないのかという自己理解が、キャリアをデザインするうえで重要なのだ。明日にでも風速50mの台風が近づいてくるとわかっているとき、自分の船の性能や整備の状況を調べ、もし予想される風速の風にあうと難破してしまうと判断すれば、当然、船の進路を変えたり、近くの港に避難したりするだろう。

注12　幼児教育の必要性については、久保田慶一・渡辺行野『めざせ！保育士・幼稚園教諭～音楽力向上でキャリアアップ』（スタイル・ノート、2019年）を参照してほしい。

注13　知能指数 Intelligence Quotient のこと。学習や情報処理に関する能力を数値化したもの。このような画一的な指標に対して、ハワード・ガードナーは「多重知能論」、ダニエル・ゲールマンは「情動的知能 emotional intelligence = EQ」を提唱した。

大学を卒業したあとの職業期に、どのようなライフ・スタイルを選択したいのか、そして社会人として行動するために必要な成長が十分にできているのかを知ることが、一般的にいわれる「自己分析」[注14]である。この分析と理解が十分でないと、まずどのような職種で、どのような職業、あるいはどのような企業を目標にして就職活動すればいいのか、その方針すらも、決まらないだろう。海図を読む前に、どの海域を航海するのかわからずに、地球儀をただただグルグルと回して見ているだけになりかねないのである。

注14　自己分析だけでなく、他人による自分の評価、「他己分析」も有効な手段となる。

(2) 教育期・労働期・余生期

今、高校生や大学生の人にとって、遠い将来のことは考えられないかもしれない。ここではごくおおまかに、3つのライフ・ステージ、つまり、教育期・労働期・余生期について、簡単に考えてみよう。

日本では、誕生してから義務教育、さらに高校や大学、大学院などを卒業あるいは修了するまでの期間が、「教育期」である。一般的に「六三三制」と呼ばれるように、小学校6年、中学校3年、高等学校3年を指すが、大学の4年間や大学院を含める場合もある。いずれにせよ、教育期とは、どこかの学校に所属して教育を受けることを主にしている時期である。

ここで注意が必要なのは、小学生期や中学生期はライフ・ステージではなく、学校教育法や学習指導要領などに定められた区分であって、児童・生徒の精神的あるいは社会心理的な発達による区分ではないことだ。だからこそ、小中一貫や中高一貫など多様な学校制度が模索され、学校制度間の「移行」がキャリアの問題として論じられるのであろう。

学校を卒業して、なんらかの職業に就いて、つまり親元などを離れて、職業労働によって生活を継続していけるようになるのが、「労働期」である。結婚をして子どもを育てるという時期でもある。もちろん人によってはさまざまなライフ・スタイルの選択が可能だろう。戦後から1990年代までの日本では、大企業を中心にした終身雇用制[注15]が一般的だったので、ライフ・スタイルの選択はあまり重要ではなかった。しかしバブル経済が崩壊し、企業のグローバル競争が激しくなり、多くの労働者が終身雇用制の恩恵に与ることができない現代では、ライフ・スタイルを自分で選択する自由は与えられるが、また自己責任が問われるという現実がある。

「余生期」とは、退職して、一般的には年金で生活する時期を指す。しかし数十年前には55歳で定年退職して余生期に入るのが一般的であったが、近年では65歳まで雇用されて働くことが法律上、認められた他、65歳を過ぎても働いている人も多い。今後、余生期に入る時期がどんどん遅くなることは間違いないだろう。政府としても年金受給の繰り下げを推奨している。

注15 「終身雇用制」とは、同じ会社などで、倒産などしない限り、定年まで雇用される制度。日本独自の雇用形態で、「長期雇用慣行」ともいう。労働者にとっては安定して雇用されることから生涯設計を立てやすいが、会社にとっては長期的な人材育成が困難で、雇用調整の障害にもなる。1950年頃からはじまったといわれ、日本の経済成長が右肩上がりの時代はよかったが、バブル経済が崩壊しグローバル経済が発達した1990年代以降、この制度は徐々に崩壊しつつある。しかし安定志向の若者は終身雇用の企業や役所での就職を望む傾向にある。

（3）ライフ・ステージの細分化

さて、生涯学習[注16]という言葉も当たり前となり、学校を卒業してから、働きながら再度上位の学校に入学したり、さらに退職してから学校に再入学したりという人も多くなった。現在の職業で必 要になったことを学んだり、あるいはかつて勉強したかったが、余生期になってようやく学ぶことができるようになったりという人たちである。10代~20代にかけての学校での学びがその後の人生を決定づけるように、労働期や余生期での学びも、人生を変える、つまり、キャリア・チェンジの機会となり、また原動力になるのだ。

こうした1年、あるいは2年という短い期間で挿入される教育期が、その人の現在の職業における成長だけでなく、新しい分野での職業人として成長を促す。インターネットの発達によって、「e-ラーニング」[注17]が可能になったことで、大学という場所を離れた学習が容易になったことも、成人の新しい学びを後押ししている。こうしてかつての3つのライフ・ステージは、短期の教育期が断続的に挿入されることで、細分化されていくことになる。「人生100年時代」の著者は、短い周期で挿入される教育期を「探索期」、そこにいる人を「エクスプローラー explorer（探検家）」と呼んでいる。将来の新しい仕事につながる資質を磨き、また自己の隠された能力を探索して

注16　生涯学習とは、人は義務教育の時期に学ぶだけでなく、生涯、学び続ける存在であるという考え。就職してからの学びや退職後の学びなど、現代の日本社会には、成人教育、社会教育、リカレント教育など、さまざまな学びの機会が提供されている。

注17　electoric learing の訳。パソコン、スマホなどの情報機器を通しておこなわれる学習のこと。海外の大学の授業などもインターネットで受講でき、単位取得も可能である。

いくのである。

教育期が労働期と余生期に挿入されるだけでなく、逆に、教育期に労働期がはじまるということもある。仕事をしながら定時制高校に通うというのではなく、学生時代に「起業」して、大学を中退して、企業経営に携わるという場合である。ときには中学生や高校生がさまざまなアイデアを活かして、会社を起こしたり、ビジネスで成功したりしている。

第3節　キャリア発達理論

(1) キャリア発達理論とは

キャリアが成長するといっても、上位の学校に入学したり、会社で出世したりすることではない。人は身体的な発達と同時に、教育や他人との関わりから精神的にも社会的にも発達する。そしてこれらの発達を通して、社会と自分との位置づけを客観的に理解し、とりわけ職業選択や職業における活動を通して、自分のこれまでの人生に意義を見出し、さらに将来を見通して将来をデザインする能力を高めていく。これが人のキャリアは成長するという意味であり、一般的に「キャリア発達」と呼ばれている。[注18]

前述したエリクソンと並んで、「自己実現」のキャリア理論として知られているの

注18　キャリア理論全体を理解するには、渡辺三枝子（編著）の『新版キャリアの心理学』（ナカニシヤ出版、2007年）が良書である。

が、アブラハム・マズロー[注19]である。彼の理論は人の欲求を階層的に定義する「欲求段階説」として知られる。人の欲求には、「身体的欲求」、「安全欲求」、「社会的欲求・帰属欲求」、「承認欲求」、「自己実現欲求」の5つがあるというのだ。

アブラハム・マズローの欲求5段階

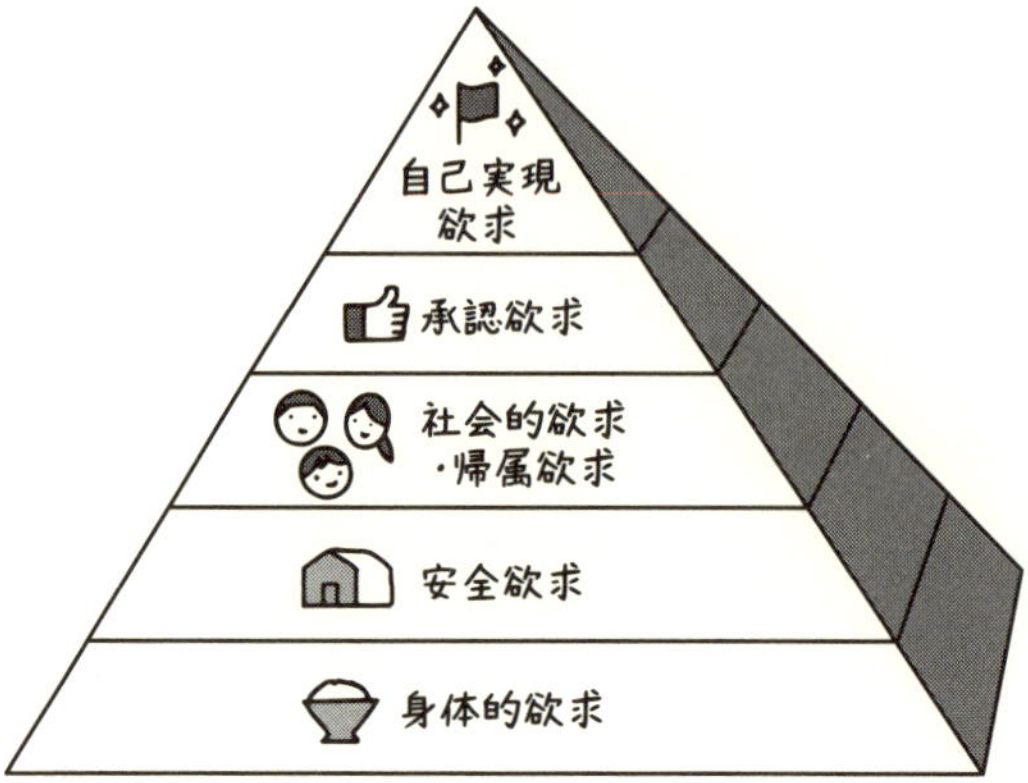

注19 アブラハム・マズロー(1908-70)、アメリカの心理学者。ポジティブ心理学の提唱者として知られる。ポジティブ心理学については、本書の第4章第2節を参照してほしい。

「身体的要求」は、呼吸、食物、水、生殖（セックス）、睡眠、ホメソスタシス（恒常性）、排泄《はいせつ》など、人が生きていくための生存条件であり、「安全欲求」とは、身体、雇用（仕事）、資産、道義、家族、健康、財産などが守られていることである。内戦状況にあるシリアの難民などは、こうした欲求が満たされていない状況にあるわけである。「社会的欲求」は、夫婦、家族、友人などと心が通じていたい、「承認欲求」は自尊感情が高く、向上心があり、また他人を尊敬しまた尊敬されたいという気持ちである。これらふたつの欲求は平和な社会であっても、人間関係がうまくいかなかったり、仕事で失敗して自信喪失に陥ったりしたり、満たされないこともある。そしてこうした4つの欲求が満たされると、人は本来自分がもっている倫理性、創造性、自発性において、その力を発揮できるようになり、現実を公正に受け止めて、そこにある問題や課題を解決することができるというわけである。

これらの欲求はピラミッドのような下位の層から上位の層に向かう構造になっていて、下から順番に欲求は満たされるというのだ。たとえば、食欲や睡眠などの身体的欲求が満たされないうちは、ひとつ上の安全欲求が満たされることはないのである。要するに、最上位の自己実現欲求が満たさるには、それより下位にあるすべての欲求が満たされていなくてはならないわけである。

現代の日本では、日常的に「自己実現」という言葉が使用されている。たとえば、就職活動中の学生が採用面接で、「この会社を志望した理由は何ですか」という質問に対して、「私は○○会社に入社して、仕事を通して自己実現したい」と回答することも少なくない。この場合の自己実現とは、自分でもはっきりとはわからない「理想の自分」というものがあって、今の自分は未完成なままであるが、仕事を通してやがて理想的な自分が、自然に「実現」してしまうというような、イメージなのではないだろうか。

しかしマズローが考えた自己実現は少し違う。原語の「セルフ・アクチュアライゼーション self-actualization」を自己実現と訳してしまったことにも原因がある。[注20] アクチュアライゼーションというのは、自分のもっている潜在的能力や特性を現実のものにすることなのであって、自然に現実のものになるわけではないのである。

今はデジカメやスマホで写真撮影するときも、瞬時にピントがあって、しかも手振れなどが自動的に補正されて、誰でも簡単に美しい写真を撮ることができる。しかし昔は、自分でレンズの位置を調整してピントをあわせる必要があった。ピントがあってくると、次第に被写体が鮮明に映し出される。あるいはドラマや映画でよく使われる映像効果で、徐々にピントをあわせて、登場人物の心理状態などを表現する場面を、想像してほしい。何かしら映ってはいるが、全体像ははっきりしない。しかし次第にピントがあってくると、輪郭がはっきりとして、細部まで鮮明に見えるようになる。これが「アクチュアライゼーション」である。現代のスマホのように、瞬時にピントがあって、被写体が鮮明に写ることはない。自らの手でレンズを調整して、とき

注20 自己とは、自分（自我）が見ている自分のことである。たとえば、「私は音楽が好きである」と言うとき、発言しているのは自我であり、発言の対象となっているのが自己である。一般的に、自我は安定しているが、自己あるいは自己イメージは、時間の経過や置かれた環境によって変化するものである。自己分析の難しさと限界もこの点にある。このことを理解しておくと、自己分析についてあれこれ思い悩むことも少なくなるであろう。

に逆に戻ったりもしながら、まだはっきりしない被写体を追い求めるのである。

(2) キャリア発達では「移行」が重要

マズローとエリクソンのふたつの理論は、キャリア・ステージや欲求が段階的である点で共通している。また前ステージあるいは下位の欲求が満たされないと、次のステージや階層に進むことが困難で、達成されないまま進んでしまうと、なんらかの困難を生じてしまうというものである。したがって、それぞれのステージや欲求段階ではそこで求められている課題をいかにうまく達成するかが重要となる。

発達心理学的に発達課題が達成されたかどうかを考えるまでもなく、たとえば、幼稚園生から小学生へ、小学生から中学生へ、中学生から高校生へと、それぞれ社会における「役割」が変化することで、ライフ・ステージは外面的には劇的に変化するわけだが、実際に入学式を終えてすぐさま幼稚園のときの考え方や行動が小学生のようになるわけではないし、つい数日前まで高校生だった人が、入学したとたん大学生のようにふるまうことはできない。

理想的には、この課題の達成度を確かめたうえで、次のステージや段階に移るのがよいのだが、ここには難しい問題がある。

ひとつは、課題の達成度を確かめることが難しいことである。質問紙を用いて

「キャリア発達度」などを測定することもできるかもしれないが、それとて「自己診断」であって、客観的な指標とはならない。それに点数化できるような能力テストを実施するにしても、何がどのようにできるようになっていれば、そのステージや欲求段階の課題を達成できていると決めることができるのであろうか。

もうひとつの難しさは、個人のキャリア発達の度合いと社会制度などの社会環境とが、必ずしも一致しないということだ。日本で考えれば、高校生から大学生になる時期が、エリクソンがいう、学童期と青年期の境目となるだろうか。高校生は3年の3月末に卒業して、数週間すると大学生になる。高校生と大学生とでは、社会から求められる役割も大きく違う。しかし卒業の時点ですべての高校生の内面が、学童期の課題を達成して、青年期を迎える状態になっているとは限らないのである。

ここに、キャリア発達理論で特に重要となる、あるいは解決すべき「移行期（トランジション）」の問題が生じてくる。前のステージから次のステージへの「段差」——河川にたとえれば、滝——をどのように乗り切っていくのかということである。

この「移行」の時期に、一般的には、精神的に不安定になったり、また苦労したりするものである。このような困難を軽減して、スムーズに次のライフ・ステージへの移行を促すのが、「幼小連携」[注21]、「小中一貫教育」、「中高一貫教育」、大学では初年次教育[注22]であったり、インターンシップ[注23]であったりする。近年、文部科学省が提唱している政策の多くが、キャリアの移行という問題に関連しているのは興味深い。おそらく社

注21　「幼小連携」とは、本来は幼稚園と小学校の連携であるが、現在では、幼児教育と小学校教育との連携と理解されている。幼児教育は、幼稚園のみならず、保育所、認定こども園でもおこなわれているからである。

注22　「初年次教育」とは、特に大学において、大学での学修や生活に慣れるために、新入生を対象におこなわれる教育のこと。

注23　インターンシップとは、大学生が在学中に企業などにおいて、自分の専門や将来の職業に関連した就業体験をおこなうこと。この意味で、教育実習も学校で教員という職業に関連した就業体験をおこなうインターンシップである。

会や職業の変化が激しく、その分ステージ間の「差」が大きくなっているからなのであろう。

「移行期」をどう乗り切るかには、いくつかの理論がある。たとえば、日本でよく知られているのが、金井壽宏[注24]（1954－）が唱道する「ドリフト理論」である。[注25]人生は移行（転換期）と安定期が交替して現れるのは経験的によく理解できる。安定期に入ると、つまり転換期を脱して、生活そのものが安定すれば、日常生活の流れに身を任せたほうがいいという考え方である。反対に、節目にあたる転換期の時期には、過去を振り返り、現在の自分を見つめて、将来を一生懸命に考えることが大切となる。

ビジネス界ではウィリアム・ブリッジスの[注26]「3段階論」がよく知られている。彼によれば、人生において何度も遭遇する移行期には3段階のプロセスをたどるという。第1段階で安定していた何かが終わり、第2段階はどちらの方向に進むかわからない「ニュートラルな」時期となり、第3段階で新しい何かがはじまると考えるわけである。ドリフト理論とよく似ているが、ブリッジスが強調するのは、第1段階で安定していたものが揺らいだときに、それをきちっと終わらせて、つまり後始末をしてからでないと、次に新しいものを求めないようにするということである。

この考えはエリソンやマズローの理論とも共通している。前の段階の課題や困難を次にもち込まない、あるいは引きずらないということである。少し卑近なたとえであるが、前の恋愛を引きずっていると、次の恋愛がうまくいかないのと、同じである。

注24　金井壽宏（1954－）、経営学者。現在、神戸大学教授。『働く人のためのキャリア・デザイン』（PHP新書、2002年）は、キャリア理論を学ぶための入門書として良書である。

注25　ドリフト drift とは、漂流する、流されること。

注26　ウィリアム・ブリッジス（1933－2013）は、アメリカの文学者。大学で文学史を教えたが、その後、組織コンサルタントとして活動した。邦訳書には、『トランジション　マネジメント――組織の転機を活かすために』や『トランジション――人生の転機を活かすために』がある。

大学に入学すると、初年次教育として「フレッシュマンセミナー」などが実施されるが、これも高校生から大学生への移行をスムーズにするための教育である。高校生までの学習習慣などのいい面を活かして、大学生活への適応を促すという意図がある。

第4節　多様な働き方と学び方

(1) ポートフォリオ・ワーク

「人生100年時代」には、ライフ・ステージが細分化され、短い周期で変化すると述べたが、この時代のもうひとつの特徴として、それぞれのステージにおける働き方が多様化し、さらに複数の働き方や仕事が並行することが挙げられる。これまで日本では「副業」を禁止する企業が多く、なんらかの理由がない限り、ひとつの仕事で生計を立てるのが一般的であったが、現代の日本では副業を認める企業も増加し、若い世代の人は積極的に——やむにやまれぬ理由からではなく——、複数の仕事を組みあわせて、職業人生を紡ぐことになる。

自分のもっている複数の資質・能力を活かして、職業生活を送ることを、「ポートフォリオ・ワーク」と呼ぶ。「ポートフォリオ」は金融用語で、手もちの資産を株式に投資したり銀行に預けたりと、金融資産をバランスよく配分して、安全かつ最高の収益を上げるための方策である。たとえば1、000万円の資金すべてを銀行に預けるのではなく、300万円は日本の銀行に定期預金、200万円は外貨預金、300万円は「円高」に強い企業の株式、200万円は「円安」に強い企業の株式というように配分すれば、国際金融や貿易収支の変動に対して、安定した収益を上げることができるだろう。

自分の資質・能力を複数の活動に向けることは、フリーランスで活動する音楽家ではごく普通におこなわれている。たとえば1週間の労働時間40時間——実際にはもっと長いと思われるが——のうち、10時間は生活費のための仕事、10時間は楽器店での講師、10時間は学校での非常勤講師、10時間は演奏活動というように、時間を配分している。これは、その人が音楽家としての、あるいは社会人としての多彩な職業能力をもっていることの現れである。自分は音楽しかできない、ピアノしか弾けないと思うべきではない。ひょっとしたらデザインが得意かもしれない。そうなれば、友人た

ポートフォリオ・ワーク

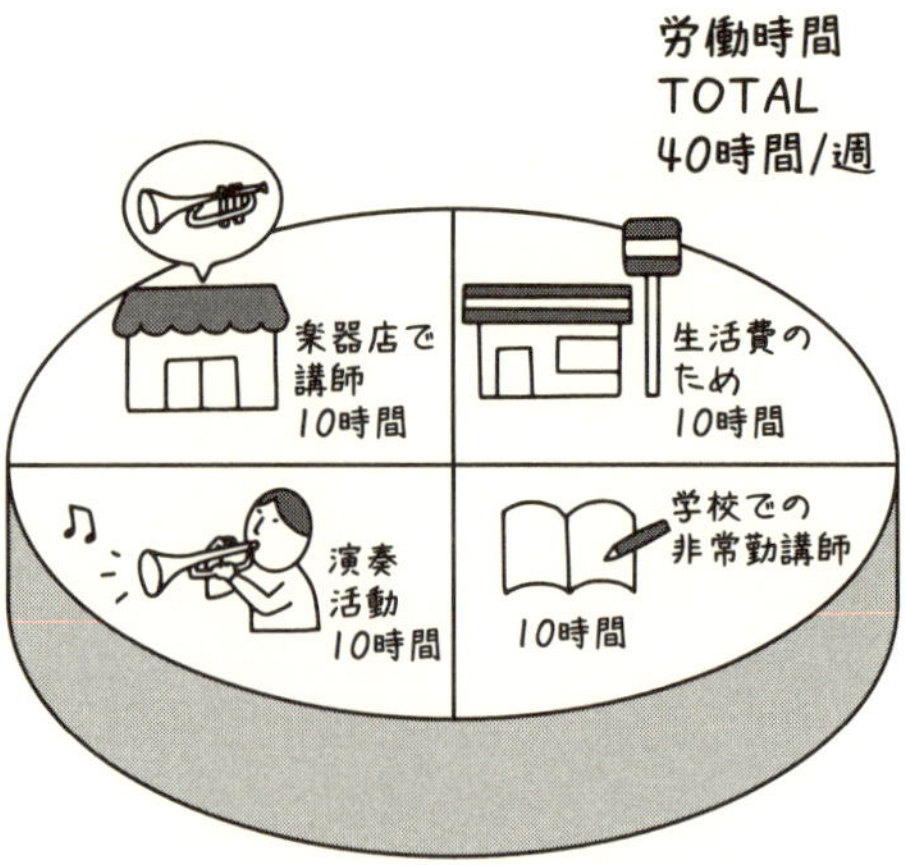

ちの演奏会のチラシのデザインを副業のひとつにしてみてはどうだろうか。

実際に複数の仕事（ジョブ）を組みあわせて働くことを、L・グラットンとA・スコットは「ポートフォリオ・ワーク」と呼んでいる。ポートフォリオ・キャリアとは、原因と結果のような関係になっているわけである。現代社会に生きる人々にとっては、さまざまな能力をもち、それらの配分を考えて、キャリア形成をしていくことが、よりよく生きる条件となっているといっても過言ではないだろう。[注27]

L・グラットンとA・スコットは、「エクスプローラー」との関連で、「インディペンデント・プロデューサー」[注28]という職業を挙げている。日本でいえば「個人事業主（者）」である。企業などに雇用されずに、自らの資質・能力を活かして仕事をする人たちである。フリーランスで働く人も「インディペンデント・プロデューサー」と呼べそうであるが、ここで強調されているのは「プロデュース」すること、つまり創造

注27　自分にはどのような資質や能力があるのかをよく吟味し、また足りない面があれば、教育を受けるなどして、積極的に自分の職業能力を高めることも、キャリア・デザインの重要な側面でもある。そして音楽関連や音楽以外の分野での職業能力を高めることで、多様な職業に従事することができる。一般的にそのような職業的な汎用《はんよう》性のことを「エンプロイアビリティ」と呼んでいる。

注28　explorer は冒険や探検をする人のこと。そして independet producer は、独立した創造者のこと。いずれも自由で、自律した個人の存在が前提になっている。自由や自律については、第3章第1節を参照。

性であり、新しいビジネスを創造する革新性である。成功をもたらすモデルや、こうすれば必ずうまくいくという方法などはない。むしろ自分で新しいビジネスを考えて「起業」するという、「起業家精神」を培うことも、今まさに急務になっているのもそのためである。

(2) 学びとアンラーニング

最近では、「起業」を支援するセミナーなどが盛んにおこなわれている。以前は「アントレプロヌール」というフランス語がよく使用されていたが、最近では「スタートアップ」という言葉のほうがよく耳にするようになっている。こうしたセミナーにいきなり参加してみるのも、いいかもしれないが――決して無料ではない――、それよりも、物の見方や学習方法を変えて、これまで獲得した知識や能力をリセットすることで、新しいビジネスを創出できる下地にはなるだろう。

これまで自分がもっていた知識が陳腐に感じたり、役に立たなくなったと思ったりすれば、むしろ積極的にこれまでの知識を一度「捨て去って」、新たに知識を獲得して、知識を再構成していくことである。このような学習方法は「アンラーニング unlearning」と呼ばれている。日本語では「学びなおし」あるいは「学びほぐし」と訳される。

アンラーニングを継続していくと、人の知識はどんどん更新することができる。人は一生を通して、学習を継続することになり、これが「生涯学習 life-long learning」へと発展していく。「生涯学習」という言葉はすでに使い古された感もあるが、その理念は人の成長にとって不可欠なものなのである。

近年では、とりわけＩＣＴ[注29]の進歩が著しく、インターネットの発達によって、私たちが修得できる、あるいは修得すべき知識の量は格段に増えている。またその変化も激しく、５年前に学修したことがすぐさま時代遅れのものになってしまう。また近い将来、多くの職業がコンピュータや人工知能（ＡＩ＝Artificial Intelligence）によって取って代わられるといわれている。スマホなどの新しい機種を追いかけるのではなく、学習態度そのものを見なおしていくほうがよりたやすく、新しい時代に適応できるのかもしれない。

イーライ・パリサー[注30]が主張した「フィルターバブル」（２０１２年）には、我々も注意しておきたい。インターネットで過去に検索した情報が蓄積されて、その検索した人が見たい情報だけが提供されるような状態になったのが、「フィルターバブル」である。そうなると人はフィルターによって遮断されたバブル（泡）のなかに閉じ込められてしまって、外の様子が見えなくなるというのである。ネット検索して広く情報を集めているつもりで、自分の知識の世界が孤立させられているというのである。

パリサーの考えには反論もあり、またフィルター機能を解除する方法もあるが、ひ

注29　ＩＣＴは、Infomation and community technology の略。以前はＩＴと呼ばれていたが、単なる情報技術だけでなく、インターネットやＳＮＳなどの情報通信の発達によって、ＩＣＴとなった。

注30　イーライ・パリサー（１９８０－）は、アメリカのメイン州生まれ。インターネット上でリベラルな政治活動を展開している。「９．11」後、平和を訴えるウェブサイトを開設し、世界中から賛同者を得たことで有名になった。『フィルターバブル――インターネットが隠していること』（ハヤカワ文庫ＮＦ・井口浩二・訳、２０１６年）は、ネット情報の危険性を示唆した。

とついえることは、自分の学習方法を常に批判的に検証して、更新していくことを忘れてはならないということであろう。そしてもうひとつ大切なことは、生涯学習の基礎となる学習方法——むしろ学習習慣といったほうがいいかもしれないが——は、大学までの教育によって決まるということである。現在高校生や大学生である読者には、このことを頭の片隅に置いてもらいたい。大学までの学修は、コンピュータのOS作りだといわれたりする。OSの性能がよくないと、あとからいくらいいソフトやアプリを入れても、うまく機能してくれないのである。

第3章

音楽家のキャリア選択を考える

第1節

「自由に生きる」とは

(1) 自由と責任

キャリアの定義を知ることも、キャリア理論を使って自分の人生を自己分析してみることも大切である。しかしそれでどうなるのか。自分の将来はよくなるのか。思ったような人生を歩めるのか。もし必ずそうなるのであれば、キャリア教育に熱心に取り組めるかもしれないし、キャリア・デザインを学ぶ意味もあるかもしれない。しかしキャリアの意味やキャリア理論を知っても、人生は変わらないというのも、一面では真実であろう。ただ人生を歩むうえで、ひとり一人が絶対に逃れられないことがある。それは自分の人生は「自分で」決めなくてはならないということである。

ただしこれは現代の日本だからこそ、いえることかもしれない。世界には、自分の人生を自分では決められない人やそのような境遇に置かれた人もいるのだ。それを不運だと思い、不幸だと思えるし、あるいは、自分で決めなくていいのだから、それはそれで楽でいいという人もいるかもしれない。

どこの高校や大学へ進学するのも、どこの企業に就職するのも、本人の自由であって、他人から強制されることはない。もちろん経済的な理由や親族や親戚との関係で、やむなく進路が決まってしまうこともあるが、周りからの要請なり要望を受け入れるかどうかを決めるのも、本人に任されている。このように個人の意思と自由が尊重されるのが、自由主義である。現代の民主主義社会ではもっとも大切にされるべき理念でもある。フランス革命やアメリカ独立戦争などによって確立され、日本では、アジア太平洋戦争の敗戦後に制定された「新日本国憲法」によって、法制度化されている。注1

(2) 自己責任とは

こうした自由主義から「自己責任」という考えが出てくる。自由の代償として責任が伴うという考えである。これは一見すると、至極当然の話であって、自由に選択した結果の責任を選択した人がとるのは当たり前である。しかし問題はある。すべての人が自由に選択できるというのが「建前」となっているが、現実的にはその人の責任

注1 現行の憲法下では、精神的自由権(思想・良心、信教、集会・結社、表現、学問)、経済的自由権(居住・移転、職業選択、財産権の不可侵)、身体的自由権(奴隷的拘束や苦役からの自由、法定手続きの保障、住居不可侵、被疑者・被告人の権利保障)が認められており、公共の福祉に反しない限り、自由権が制限されることはない。

ではない理由から自由ではない状況に置かれている場合もあるからである。たとえば、すべての人は自由に大学を選ぶことができる。もちろん学力試験があるから、学力がある人でないと入学できない。受験競争に打ち勝つために、塾に通わなくてはならないとなる。そうなると、家庭の経済力によって、塾に通える人と通えない人が出てくる。塾どころか、義務教育で必要な給食費や教材費が支払うことのできない、[注2]あるいは支払わない親もいる。そのような状況にある子どもに対して、大学に進学するかしないかは自由であり、大学に行けないのは学力が足りないからだ、勉強をしていないからだと、はたしていえるのだろうか。[注3]

経済力のある家庭の子どもだけが大学に進学できるようになり、やがてまた収入の高い職業に就いて、経済力をつけ、さらにその子どもにも自分と同じように、塾に通わせて大学に進学させるであろう。逆に、経済力のない家庭の子どもは大学に行くことができず、必ずしも大卒でないと高い収入が得られないというわけではないが、自分の子どもを大学に通わせたいという気持ちは高くならないかもしれない。こうした状況が数十年すると、経済力の差が学歴の差を生じ、その差が世代間で固定化されると、格差となっている。将来への希望そのものにも、夢を描ける人とそうでない人の格差が生じており、その格差は日本のみならず、世界中で今なお広がりつつある。

自由な競争によって、勝ち組と負け組が明瞭となり、社会全体の富は増加したが、一部の企業や人たちに富が集中して、世界中で格差が広がっている。２０１３年にフ

注2　学校教育法第19条「経済的理由によって、就学困難と認められる学齢児童生徒の保護者に対しては、市町村は、必要な援助を与えなければならない。」によって、各自治体で「就学援助制度」が整備されていて、条件が満たされれば、さまざまな援助が受けられる。

注3　自己責任論の問題を論じた本は多数あるが、最近では、西きょうじ『さよなら自己責任』（新潮新書、２０１８年）がある。

ランスの経済学者トマ・ピケティが出版した『21世紀の資本』は、こうした富の偏在の問題を指摘し、世界的なベストセラーになった。[注4]

(3) 新自由主義経済の功罪

このような格差が広がる原因となっているのが、新自由主義的経済とグローバル経済——それを可能にしたインターネット——である。新自由主義と前述した自由主義とは無関係ではないが、現在、一般的に新自由主義といわれる場合には、別物と考えたほうがいいだろう。

デジタル大辞泉によると、新自由主義は次のように定義されている。

政府などによる規制の最小化と、自由競争を重んじる考え方。規制や過度な社会保障・福祉・富の再分配は政府の肥大化をまねき、企業や個人の自由な経済活動を妨げると批判。市場での自由競争により、富が増大し、社会全体に行き渡るとする。

政府による市場介入をせずに、市場で提供者が自由に競争すれば、消費者へのサービスも向上し、自由に選択できる。それによって経済が活性化し、社会全体が豊かになるという考えである。「ネオリベラリズム」という。

注4 トマ・ピケティ(1971-)は、フランスの経済学者。『21世紀の資本』(みすず書房 山形浩生・守岡桜、森本正史・訳、2014年)は、世界中の人々がグローバル経済の功罪について考えるきっかけとなった。

1980年代のアメリカのレーガン政権[注5]が新自由主義的な政策を推進した。冷戦下にあったアメリカでは、「強いアメリカ」が志向され、学校教育では理数系の科目が重視されたが、芸術系の科目は軽視されて、音楽教育の衰退が深刻となった。こうした危機的な状況を見た、アメリカの音楽家たちは自分たち自らで学校に行き、演奏活動を実施した。こうした活動から、今日の「ティーチング・アーティスト」の誕生につながったわけである。[注6]

日本では中曽根政権[注7]や小泉政権[注8]が新自由主義的な政策を推進し、たとえば、前者は国鉄の民営化、後者は郵政の民営化を実現した。国立大学の法人化[注9]も、国家公務員の総数の削減による国家財政の立て直しという政策の結果である。国鉄や郵政の民営化ではサービスが向上したが、地方の赤字路線や郵便局が廃止されるなどして、弱い立場にあるものが切り捨てられる傾向にある。同様に国立大学では本来研究や教育とは関係ないはずの効率的な経営が求められ、とりわけ研究環境の悪化は深刻である。

この文章を読んでおられる方には、クラシック音楽に関係する方が多いかと思うが、こうした新自由主義の影響を日常生活で感じておられるだろうか。日本では戦後の高度成長期からバブル経済が崩壊する1990年頃までは、ニクソンショック[注10]やオイルショック[注11]などの危機はあったが、日本は経済的に豊かであった。それを象徴したのが「一億総中流」という言葉で、国民の多くが中流階級であるという感じることができた。サラリーマンが一戸建て住宅を郊外に建て、その家には電化製品がそろい、

注5　ロナルド・レーガン（1911－2004）は、1981年から89年まで、アメリカ大統領を務めた。とりわけ、彼の経済政策は「レーガノミクス」と呼ばれ、減税や自由競争の促進のための政策を実施、さらに軍事の拡大や社会保障の充実などを通じて、経済的成功を求めた。また「強いアメリカ」を求めて、教育改革を実施し、理数系やコンピュータ関連の科目を重視し、それが芸術系教科の軽視を招いた。

注6　ティーチング・アーティストについては、本書の第4章から第6章までを参照してほしい。さらに詳しく知りたい方は、エリック・ブース『ティーチング・アーティスト――音楽の世界に導く職業』（水曜社　久保田慶一・大島路子・大類朋美・訳、2016年）を読んでもらいたい。

注7　中曽根康弘（1918－）は1982年から87年まで内閣総理大臣を務めた。新自由主義的な経済政策を推進し、日本国有鉄道（国鉄）、日本電信電話公社、日本専売公社の民営化を実施した。

注8　小泉純一郎（1942－）

終身雇用という安定した雇用や医療保険制度が充実して、大学への進学率も毎年上昇した。国民みんなが豊かさを享受できた時代であった。幼年の頃から音楽教室でピアノを習い、多くの女子学生が音楽大学に学び、「花嫁学校」と揶揄《やゆ》されることもあったが、卒業してからピアノ教師になることで、音楽大学で学んだ意義——学費の対価——が多くの人に認められていた。[注12]

しかしバブル経済の崩壊、さらに2008年のリーマンショック以降、前述したように、グローバル経済は進展したが、日本でも貧困の状態に置かれる人たちが増加し、格差が社会問題になりつつある。格差が広がるということは、中間層が薄くなるということである。かつて音楽大学に入学してきた学生たちも、その多くが中流階級の家庭の子どもたちであったことを考えると、音楽大学に入学する学生が減少している原因のひとつは、中流階級の家庭の減少であると考えてよいであろう。一般大学に比べて、音楽大学の学費は比較的高い。普通は、高い学費を払えば将来が約束されると考えるだろう。しかし現実は、高い学費に対して、音楽家としての将来には不透明感がぬぐえない。この矛盾は、中流階級の親たちの安定した雇用や収入、さらに右肩上がりの社会に対する安心感によって、覆い隠されていただけであった。もっともクラシック音楽の愛好家の数やレベルがそれほど低下していないことは、一般私立大学のオーケストラやピアノサークルなどの活動を見れば、よくわかるし、腕前もときに音大生より上をいくこともある。どうも、音楽大学と総合大学にある音楽学部は、カ

は、2001年から2006まで内閣総理大臣を務めた。道路公団などの特殊法人さらに郵政三事業の民営化を実施した。

注9 国立大学の法人化とは、文部科学省の内部組織のひとつであった国立大学を独立行政法人とすること。実際には、2004年に国立大学法人が誕生し、教職員は「みなし公務員」として位置づけられたが、政府からの「運営費交付金」が削減され、効率的な経営が求められたことから、とりわけ研究環境の悪化が近年とみに深刻化している。

注10 ニクソンショックとは、アメリカ大統領のニクソンがおこなった電撃的な行動のこと。ひとつは、1971年7月に、ニクソン大統領が中国訪問を予告し、翌年2月に実際に訪問した出来事。共産主義陣営に属していた中国だが、ソヴィエト連邦との関係悪化を背景に、アメリカが中国との連携を強化した。アメリカは台湾が中国の一部であることを認め、台湾をめぐる東アジア情勢は大きく変化した。

もうひとつの出来事は、「ドル・ショック」とも呼ばれ、

ルチャーセンターになりつつあるのではないだろうか。

第2節 合理的な意思決定の難しさ

(1) 人は合理的に行動できるか

このように格差が拡大し、自分が将来、どちらの層に属するのか、あるいは今はよくても、この先どうなるのかわからないというのが、多くの人の実感ではないだろうか。今から5年前には、現代の状況をある程度予測することができたかもしれない。では今、現在はどうだろう。5年後の未来を予測することができるだろうか。「ノー」と答える方のほうが多いのではないだろうか。それほどに世のなかの変化が激しく速くなっている。

1971年8月に、アメリカのドル紙幣と金との交換が一時的に停止された。これによって、第2次世界大戦後の世界経済を基軸通貨としてリードしていた「米ドル」の支配が終わった。これ以後、通貨は変動相場制に移行していく。

ふたつの出来事は日本にも大きな変化を迫った。台湾との国交断絶や平和条約の締結、さらに1ドル＝360円で「円安」状況から一気に「円高」になり、輸出産業は大きな被害を受け、経営改善が求められた。

注11 オイルショックとは原油供給量の低下やそれに伴う価格高騰で、原油輸入国が受けたショックのこと。1973年と79年の2回あった。

注12 音楽大学卒業生のキャリア問題については、拙著『2018年問題とこれからの音楽教育』(ヤマハミュージックメディア、2017年)で詳しく論じた。

将来を見通すことが難しくなった現代社会であっても、自分の意思でものごとを決定して、決定の責任は自分でとるという前提は変わっていない。たとえ自己責任を問えないような状況に置かれている場合であっても、その状況を変えたり、また脱したりするための行動をとることを決心するのも、自分以外にはない——もちろん、こうした自己決定ができない人には公的な支援が必要であることはいうまでもない——。ということは、できる限り、将来がよくなるような意思決定をすることが、求められる。後悔しない意思決定といえるのかもしれない。

キャリア形成は、意思決定の連続であるといえる。ライフステージ内でのさまざまな活動だけでなく、とりわけ、移行期や転機に相当する時期や段階では、次のライフステージや段階に進むべく、自分自身による意思決定が求められる。進学する学校や就職する会社を最終的に決めるのは、自分自身である。昔は親や親戚の人の「コネ（縁故）」で就職することもあったかもしれないが、最近ではほとんどないのではないだろうか。家業を継ぐ場合ですら、本人の自由意思と自己決定が尊重される時代となった。

こうした意思決定に際しては、その人のキャリア観——キャリアをどうのように認識しているか——や、キャリア理論の理解が役に立つであろう。しかし本当に、キャリア理論どおりに、人は自分の人生の方向性を決めるような意思決定ができるのであろうか？

(2) 人はどこまで合理的に決めることができるか

将来の結果がわからない段階で、この決定は間違っていない、あるいは悪い結果が出ても後悔しない、しないまでも、少しは軽減できる意思決定であれば、おそらくそれは「合理的」といえるであろう。誰もが納得できる論理で構成された意思決定であるなら、たとえ結果が悪くても、諦めもつくかもしれない。なぜなら、意思決定した時点での「最適の決定」をしたのだと、主張できるからである。

平凡社の世界大百科事典（第2版）では、合理性は次のように説明されている。

一般的には道理にかなっていることを意味し，日常的には科学的であること，科学的に証明できること、ないし理想とされる価値にかなっていること等の意味で使われている語。…合理性とはある認識において，要素間の関係が一定の論理的規則，たとえば矛盾律，因果律等にかなった形で整序され，首尾一貫して結びつけられていること，またその認識がそういう論理的規則に照らして吟味され批判されうることを意味する。

たとえば、矛盾律[注13]とは「リンゴはリンゴ以外のものにはなりえない」という真理

注13　矛盾律とは、論理学の法則のひとつで、たとえば、「これは本である」と「これは本ではない」とが、同時に成立しないこと。

条件			
家賃（月）	5万円	6万円	7万円
築年数	10年	5年	1年
最寄り駅からの時間	20分	5分	10分
日当たり	比較的良い	悪い	良好

であり、因果律[注14]とは「水を摂氏0度以下に冷やすと氷になる」という真理である。「合理性」とは、英語のrationalityの翻訳であるが、この言葉はラテン語のratioに由来し、「数える」という意味をもっていた。合理的であることは、数えられるということであり、A⊂Bで、B⊂Cならば、A⊂C[注15]となることであり、また「1+1=2」という自明の論理そのものなのである。

注14 因果律とは、原因と結果の間には、一定の関係があるという、論理学の法則。

注15 AはBに含まれ、BがCに含まれるならば、AはCに必ず含まれる。

さて、人が何かを決めるときに、合理的に決定できるであろうか。たとえば、マンションの一室を賃貸するときに、上のような3つの物件（A、B、C）があったとしよう。それぞれの物件の状況を、表に整理してみた。さあ、あなたはどの物件を選ぶだろうか。またどのよう

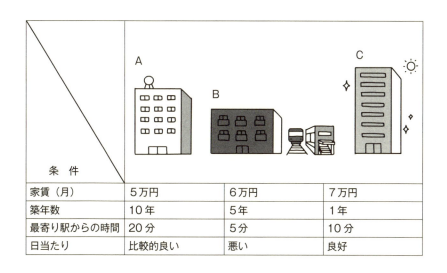

にして決めるであろうか。

おそらくたいていの人は、条件の優先順位をつけて、最終的に物件を決めようとするであろう。たとえば、ある人は、まず日当たりがよく、次に駅から近くないとだめで、しかも安ければ、多少、古くてもいいと考えたとしよう。そうなると、日当たりがよいCとなるが、7万円は高すぎるので、Aでもいいかなあと思う。でもAだと駅から遠くなってしまう。しかしたいてい、この段階で困り果ててしまう。

では条件について、満足できるものに3点、満足できないものに1点、中間のものに2点をつけて、平均値の高いものを「合理性」に従って選ぶということも可能である。表にしてみると、次のような表になる。その結果、BとCが同じなる。

条件	A	B	C
家賃（月）	3	2	1
築年数	1	2	3
最寄り駅からの時間	1	3	2
日当たり	2	1	3
平均値	1.75	2.25	2.25

そこで、条件の優先順位に従って、重みづけ（ウエイト）を変えてみるとしよう。日当たりの良さを重視して点数を2倍に、次に駅からの距離を重視して点数を1・5倍にしてみよう。そうなると、次のような表になる。

条件	A	B	C
家賃（月）	3	2	1
築年数	1	2	3
最寄り駅からの時間	1.5	4.5	3
日当たり	4	2	6
平均値	2.375	2.625	3.25

結果は、C⇓B⇓Aの順番になる。さて、あなたはCの物件を選択するであろうか。駅からの距離や築年数を少し我慢するだけで、日当たりもそこそこで家賃が一番安いAのほうが、よかったのではないだろうか？　そうなると、どこまで我慢できるかという、きわめて「主観的な」要因に決定の満足度は依存することになる。またこの例は、選択に関する情報が多いことで、我々の意思決定がスムーズにいかない例で

もある。もし家賃だけで選ぶということになれば、問題なくAを選ぶことになる。情報が多いと、決めるのが難しくなることは、日常的にもよく経験することである。

人は十分な情報を最大限に活用して合理的な推論をすることで、合理的な、あとで後悔しない意思決定ができると、伝統的な経済学では考えられてきた。しかし上述した例のように、合理的な推論を積み重ねて出した結果であっても、ちょっと我慢すればという主観的な要因でもって、選択結果を変えてしまう。つまり、自分で「満足化」してしまうのである。３つの物件を見て、直感的に「ここがいい」と決めることだって、大いに考えられるのだ。逆に、合理的な推論にこだわっている限り、なかなか決断できないことになる。このように、「合理的」であることを１００％追及することは、とても難しい。こうなると、「最適な」選択はできないのであろうか。[注16]

(3) 決めるのは感情

人間の脳の働きには、一般的に、２種類あると考えられている。ひとつは感情に任せて、直感的に判断をおこなう働きで、もうひとつは、計算や論理的な推論をおこなう働きである。そして日常的な意思決定では、後者を活用して論理的に考えると、時間もコストもかかることから、無意識的に前者の働きに頼ってしまうというのだ。前述した例でも、最終的に決断を促すのは、「日当たりが比較的よければ、家賃が安い

注16 合理性のこのような限界を、行動経済学では、「限定合理性」という。人はすべてのものを比較することができないことから、必然的に、合理性には限界を伴う。ある男性が「最良」の伴侶を見つけるには、世界中の女性とおつきあいしないといけない。これはどだい不可能で、多くの場合は、出会いの縁や偶然を大切にして、満足化を図るのである。なんと主観的なことだろうか。だからこそ、人は幸せになれるのであろう。

ほうがいい」という論理的な判断ではなく、我慢できるかどうかという感情である場合が多い。[注17]

このように脳が楽をして、経験からものごとを判断してしまうことを、「ヒューリスティック」[注18]という。近道による意思決定である。たとえば、上述したマンションの部屋選びでは、友人が住んでいるマンションを優先して選ぶ（「利用可能性ヒューリスティック」という）、大手の不動産会社が所有しているマンションを優先して選ぶ（「代表性ヒューリスティック」という）、可もなく不可もないマンションを選ぶ（「極端回避性ヒューリスティック」という）、いっしょに部屋を探していた友人が決めたほうのマンションを選ぶ（「同調効果ヒューリスティック」という）、晴れた日に最初に見たマンションの日当たりがよかったので、そのマンションを選ぶ（「アンカリング効果ヒューリスティック」という）などである。

ここに挙げた例は、我々がついつい頼ってしまう「安易な」意思決定であろう。もし後悔したくないならば、即決を避けることであろう。体調がよくないとき、あまり時間がない、不動産屋が急《せ》かせる場合などは、翌日、あるいは1週間後にまた来ますといって、決定を先延ばしにしたほうがいいのかもしれない。体調がいい状況で、感情がうまく作用してくれたほうがよりよい意志決定ができるからである。

注17　行動経済学の本は多数出版されているが、入門書としては、マックス・H・ベイザーマン／ドン・A・ムーア『行動意思決定論――バイアスの罠』（白桃書房・長瀬勝彦訳、２０１１年）、大垣晶夫・田中沙織『行動経済学』（有斐閣、２０１４年）、J・エルスター『合理性を圧倒する感情』（勁草書房、染谷昌義・訳、２００８年）がよいだろう。

注18　行動経済学などで、人が意思決定をする場合、これまでの経験則から簡単に決定してしまうときの方法のこと。その場合、自分の都合のよいほうやよく知っているほうを選ぶといった、判断の偏りを生じることが多い。このような偏りのことを「（認知）バイアス」という。本章の第3節を参照。

（4）人は確実で、得で、今手に入るほうを選びたがる

ここに2種類のクジ引きがあったとする。ひとつは、100%の確率で10万円当たるクジ引きで、もうひとつは80%の確率で15万円当たるクジ引きである。あなたは、どちらのクジ引きを選ぶであろうか。おそらく多くの人が「確実に」10万円もらえるほうを選ぶであろう（「確実性効果」と呼ぶ）。しかし数学的には、80%の確率で15万円が当たるということは、獲得金の見込み額、すなわち期待値[注19]は12万となるので、後者を選ぶほうが合理的である。

またワクチンを接種するときに、1%の確率で副作用が出ますと告知する場合と、100人中99人には副作用は出ませんと告知する場合とでは、後者のほうが明らかに副作用の危険性が低いように認識してしまう。これは確率的には同じであっても表現を変える、つまり「フレーム（枠組み）」を変えることで、危険性の認知が変化する例である。これを「フレーミング効果[注20]」と呼んでいる。

問題なのは、客観的な確率と主観的な確率が一致していないということである。このことを指摘した行動経済学者のダニエル・カーネマン[注21]とエイモス・トベルスキー[注22]の研究によると、確率が30%から40%の間だと両者はおおむね一致するが、0%から少し確率が上がると、大きく上がったように感じ、反対に、100%から少し下がる

注19 期待値とは1回の試行で得られる値の平均値のこと。この場合だと、10回くじを引くと、8回は当たるので、15万×8回÷10＝12万が、くじで得られる「見込値」となる。

注20 同じ内容であっても、表現の方法や仕方によって――たとえば、本文にあるように、「副作用が1%出る」と「副作用が99%出ない」というのは中身は同じであるが、人が受け取る印象が異なり、どちらを選択するのかも変わってくるので――、選択の選好が変化する場合、「フレーミング効果」があるという。

注21 ダニエル・カーネマン（1934-）は、アメリカの心理学者、行動経済学者。2002年、ノーベル経済学賞を受賞。

注22 エイモス・トベルスキー（1937-96）、アメリカの心理学者。カーネマンの共同研究者。

と、それ以上に下がったと感じてしまうという。
先ほどと同じクジ引きを例にすると、当たりくじを少し追加して当たる確率が０％から１％に上がる場合や、当たりくじを少し抜いて当たる確率が１００％から99％に下がる場合に、両者とも変化したパーセンテージは同じだが、特に、下がる場合のほうが大きく変化したように感じてしまう。これは人が利得より損失のほうをより回避したい傾向をもっていることの例でもある。これを「プロスペクト理論[注23]」という。

注23　プロスペクト prospect は、見込みの意味。人は利得の状況にあれば、確実に得られるほうを選び、損失の状況にあれば、リスク志向になる。たとえば、コイン投げをして、表・裏に関係なく1万円がもらえるのと、どちらかが出ると2万円がもらえるのと、どちらを選ぶであろうか。期待値はどちらも1万円であるが、前者を選ぶ人が多いだろう。反対に、表・裏に関係なく1万円を支払うのと、どちらかが出ると2万円を支払うという場合は、どうであろうか。多くの人は後者を選ぶのではないだろうか。つまり、利得か損失かによって、選好が変化したわけである。

プロスペクト理論

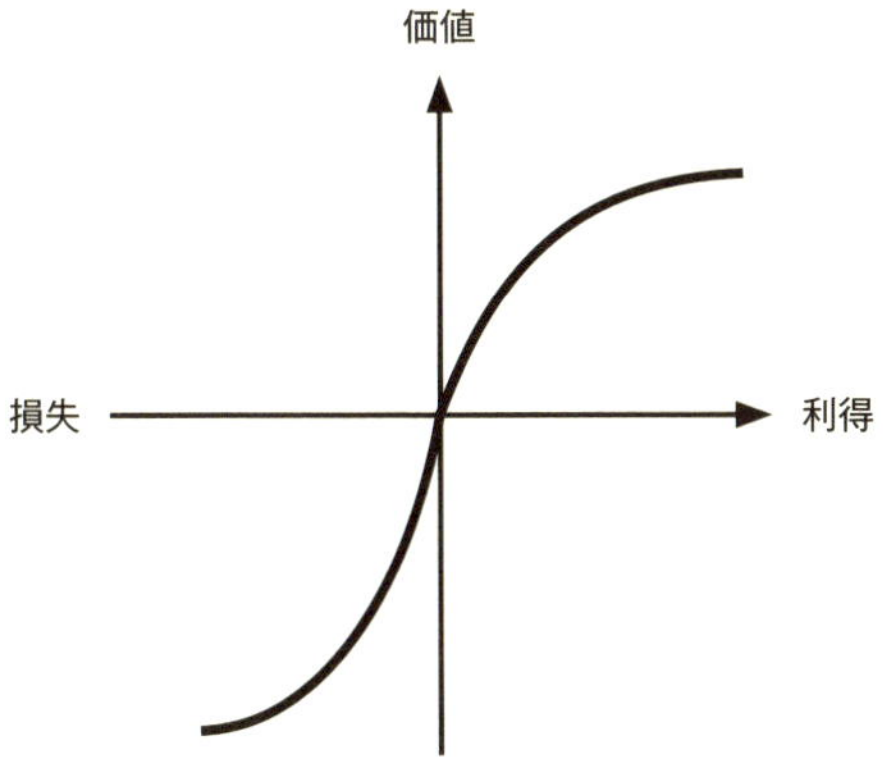

利得と損失とでは、同じ量であっても、感じる価値の増加・減少は、明らかに損失の場合のほうが大きい

利得か損失かという枠組みで確率の認知が変化する現象は、時間のスパンによっても生じることが知られている。たとえば、今1万もらえるのと、1週間後に1万プラス１００円もらえるのと、どちらを選ぶかというと、多くの人は前者を選ぶであろう。しかし1年後に1万もらえるのと、1年と1週間後に1万プラス１００円もらえるとなると、多くの人は後者を選ぶであろう。要するに、1年も待つのなら、少しでも多いほうがいいと考えるわけである。しかし今もらえるとなると、1週間も待てなくなってしまうのが人情である。

人間は、つい目先の利益に走ってしまう。これを「現在バイアス」[注24]という。ダイエットすれば健康にいいはずなのに、目の前のケーキに手を出してしまう、夏休みの宿題を早めにしておけばあとでゆっくりと遊べるのに、夏休みの終わる頃まで先延ばしにしてしまうというのも、「現在バイアス」である。このように、「現在バイアス」の影響を受けて、待てばより利得が多いのに、目先を優先させてしまって、先のものや出来事の価値を割り引いてしまうのを「双曲割引」[注25]という（次ページ図を参照）。

(5) ここで諦めたらこれまでの努力が無駄になる

このような考えを我々は日常的によくしている。「石の上にも3年」ということわざがあるように、最初に決めてやりはじめたことをとにかく続けるのを良しとして、

注24 現在志向バイアスという。現在ある利益を優先してしまう傾向。「朝三暮四」の故事と似ている。

注25 双曲とは双曲線のことで、目先の価値が時間の経過とともに割り引かれて、双曲的に減少している様子を意味する。割引率が高い人は目先の利益を優先する傾向が高いので、ものごとを先送りにする傾向も高いといえるであろう。

現在バイアス

（説明）見ている場所が近いと、近いところの低い木だけが見えて、遠くの高い木が見えなくなる。

双曲割引

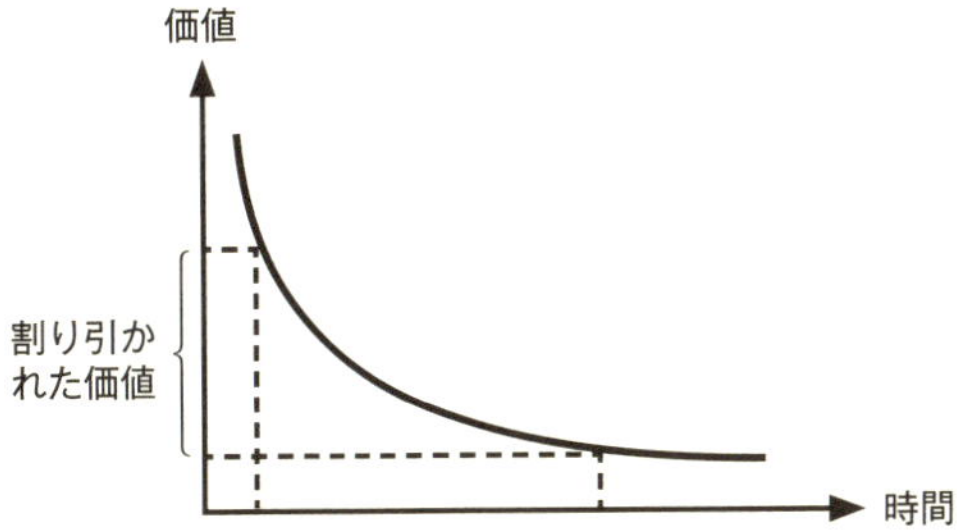

続けようとしてしまう。これを「コミットメントのエスカレーション」と呼んだりする。「コミットメント」とは関わりあうことで、最初は軽い気持ちではじめたことでも、次第に手を引けなくなる状態が「エスカレーション」である。

エスカレーションが起こる原因は、すでに投資したコストや時間という、将来回収することができないものを基準にして、将来の行動の選択を拘束しているのである。たとえば、公共事業なので、これまでのこれだけの費用を費やしたのであるから、ここで辞めると無駄になると考えて、将来的には必要なくなるかもしれない建物やダムなどを建設し続けようとしてしまう。大切なのは、これから投入する費用に見合う見返りがあるかどうかなのである。この回収できないものを「埋没コスト」と呼ぶ。

では、どうして人は埋没コストから逃れられないのであろうか。マックス・ベイザーマン[注26]／ドン・ムーア[注27]は、4つの理由を指摘している。第1に、最初の決定をしたことを支持する情報を優先してしまっている（「知覚のバイアス」という）、第2に、損失を回避するために、リスク志向になっている（判断のバイアス）、第3に、最初の判断が誤りであったことを知られたくない（印象管理）、第4に、いずれ競争相手が脱落すると思う（競争的非合理性）だそうである。何かしら思いあたることが、あるのではないだろうか。

注26　マックス・ベイザーマン（1955－）は、アメリカの行動経済学者。ハーバード・ビジネススクールで教鞭をとる。

注27　ドン・ムーア、アメリカの組織心理学者。ハース・ビジネススクール（カリフォルニア大学バークレー校）で教鞭をとる。

第3節 音楽家のキャリア選択とバイアス

(1) ヒューリスティックとバイアス

ここまでの話で、人はなんらかの判断をするときに、論理に基づき合理的に判断するのではなく、脳が楽をして、直感や感情でもって、ついついものごとを決めてしまうこと（このような近道を「ヒューリスティック」ということは前述のとおり）がわかった。多くの場合、最終的には「合理的に」判断するのではなく、満足化できるところに落ち着くというのが、人の常だということなのだ。

特にヒューリスティックに基づく判断が、その人のキャリアの選択肢を狭めたり、方向性を歪《ゆが》めたりしてしまうことがあるので、要注意である。このような場合には、ヒューリスティックは「認知バイアスとして働いている」といわれる。「バイアス」

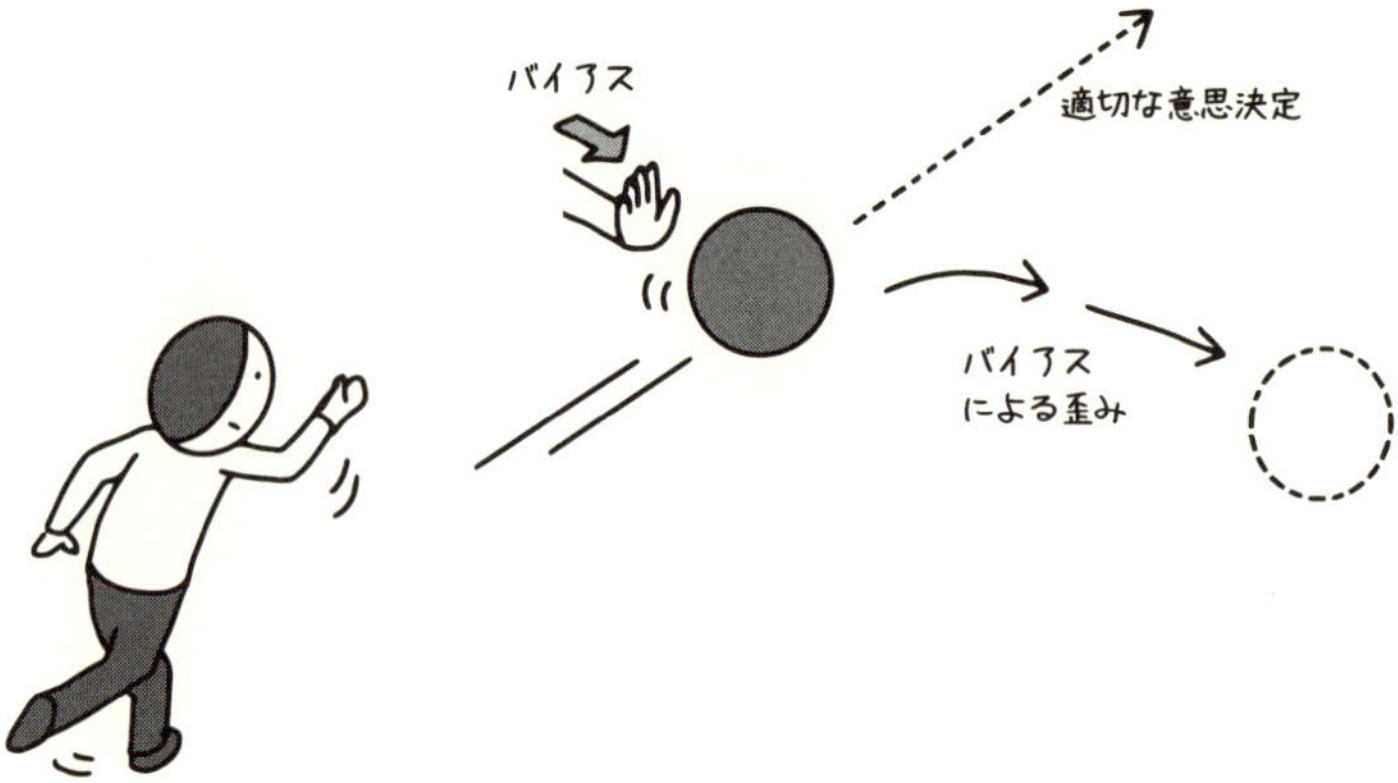

とは本来は、まっすぐ進行している球に横から力を加えて、その進路を斜めにしてしまうとき、その球に働く力のことをいう。このことから偏った見方や考え方をすることを、「バイアス」というようになった。

以下では、音楽大学生が直面する卒業前のキャリア選択と留学先を決める進路選択を例に、どのようなバイアスがその人の意思決定に影響を与えるのかを、考察してみたい。

(2) 音楽大学生の卒業前のキャリア選択

本書は、現在、音楽関連の仕事をしている人、将来音楽の専門家になろうとしている人、あるいは音楽大学ですでに学んでいる人を、対象としているので、ここでは、音楽大学生の卒業に際しての進路決定において、どのような意思決定が求められるのかを考察してみたい。つまり、認知バイアスが作用するのかどうかを検証して、意思決定の改善を図ってもらいたいと思う。もっともこれが正解だというわけではない。意思最終的には、個人の感情が作用するのであるから、どれが正しいとは一概にはいえないわけだ。

a. 一般就職か大学院進学か

Aさんは大学の学部で学んだあとに、さらに大学院に進学して、勉強を続けるかどうかを迷っているとしよう。この場合、Aさんに大学院で学ぶ目的が明確であるならば、大学院に進学すべきである。しかし音楽の勉強を続けるのか、それとも一般就職するのかという決断ができずに、大学院に進学してしまうと、それはただ意思決定を先送りしたにすぎない。

では、どのような要因が意思決定を難しくしたのであろうか。いくつか想像できる理由がある。たとえば、一般就職してしまうと、音楽大学に入学するまでの、あるいは入学してからの音楽学習に費やしたお金、時間、エネルギーが無駄になってしまうのではないだろうか（埋没コスト）、あるいは、親や親戚の人から音楽家になれなくて挫折したと思われないだろうか（印象管理）、両親は今も音楽大学に進学したことを喜んでいて、応援してくれている（知覚のバイアス）、ここで音楽の道を断念すると友人のBさんに負けてしまうのではないか（競争的非合理）などである。

これらはいずれも「コミットメントのエスカレーション」といえる。一度決めたこと、つまりコミットしたことを継続して、エスカレートさせているのである。では、どのようにすれば、バイアスを取り除いて、より適切な意思決定ができるであろうか。

まず埋没コストについてであるが、音大生の場合は特にこのバイアスから受ける影響が強いことを認識する必要がある。特に、ピアノやヴァイオリンなど幼少期から学習をはじめた人ほど、埋没コストも大きくなる。合理的に考えれば、Aさんがすべきことは、大学院で学ぶための費用とそれによって得られる便益を比べることである。大学院での学習による成果とその結果として獲得できる学位が、どれだけの便益を生むかである。博士の学位をめざすのであれば、修士の学位取得の便益は大きい。しかしさらなる2年間の学習で技術面における大きな飛躍が見込めないのであれば、大学院進学は断念すべきであろう。

印象管理と競争的非合理については、これは気持ちのもち方であろう。見栄っ張りで、自分をよく見せたいと思う人は、どうしてもコミットメントをエスカレートさせてしまう。また競争心が強かったり、ライバルがいると、途中で諦めることをいさぎよしとしなかったりする。自分の性格を客観的に把握しておくことが大切である。

また周囲の応援（知覚のバイアス）もエスカレーションを助長してしまうものである。両親に相談してみるのもいいかもしれない。ここまで音楽の道をめざしてきたが、これ以上続けることが苦痛になったことを、正直に告白してみてはどうだろうか？　しかしこの場合、注意が必要なのは、両親も同じようなバイアスに強い影響を受けていないかどうかを、確かめておく必要がある。もしそうだと、「もっと頑張るべきだ」、「どれだけあなたにお金を使ってきたと思うの」というような言葉を、返されるかもしれない。その場合は、あなた自身が両親のバイアスを取り除いてあげるべく、根気よく話をしなくてはならないだろう。

b. どこの大学に留学するか

次は留学先を決める場合を考えたいと思う。この意思決定は、前述したマンションの部屋探しとよく似ている。留学先を選択するうえで、どのような条件を考慮すべきであろうか。いくつか、思いつくままに挙げてみよう。

学校に関しては、学費、教育内容、教員――特に師事したい教員がいるかどうか――、知名度などの条件が考えられる。また学校の所在も、重要である。国――為替レートや物価——、都市——特に国内でのアクセス、治安、文化施設の有無など——は考慮すべきである。たとえば、オペラ劇場や有名なオーケストラがあるかどうかも大切であるが、ゆっくりと落ち着いて勉強したいとなれば、地方都市であってもいいかもしれない。

こうした条件を、本書ですでに試みたマンションの部屋探しの場合のように、表にして整理してみるのもいいであろう。必ずしも合理的な意思決定ができるわけではないが、自分自身のバイアスを検証してみる必要は大いにあるであろう。

たとえば、すでに大学の先輩が留学しているので、何かと便利だからと優先していないか（利用可能性ヒューリスティック）、世界的に有名な音楽大学だから自分にとってもいい大学だと思い込んでいないか（代表性ヒューリスティック）、特に入学したいわけではないが、特に問題になるところがないからと、安易に決めていないか（極端回避性ヒューリスティック）、同じ時期に卒業する友人が留学することが決まっている大学であるという理由で決めていないか（同調効果ヒューリスティック）、音楽大学に入学したときに、すでに留学したいと思っていたという理由から選んでいないか（アンカリング効果ヒューリスティック）などを、自分で検証してみるのもいいであろう。

できることなら、一度、その大学に行って、講習会を受講してみたり、大学や町の環境を、たとえ数週間であっても、経験しておいたりするといいであろう。かといって、大学めぐりをしているだけでは決まらないであろうから、最終的には、「満足化」

できる大学に決めることになるであろう。

第4節　意思決定の難しさ

ここでは、音楽大学生のキャリア選択に作用するヒューリスティックあるいは認知バイアスを紹介したが、こうしたヒューリスティックや認知バイアスは、すべての人が日常的に、あらゆる場面で対処しなくてはならないものである。

意思決定の難しさのひとつは、多くの場合、原則として、複数の選択肢から「ひとつ」しか選べないことだ。たとえば、昼食のメニューにラーメンにするか炒飯にするか迷ったにしても、そのときは分量を半分にしてもらえるなら、両方を注文すればいいだろうし、気の利いた店舗なら「ラーメン炒飯」といったセットメニューがある。

しかしマンションの部屋や留学先を決める場合には、どちらか一方を選び、それ以外は捨てなくてはならない。とりあえず、どちらかに決めて半年後に変更するという

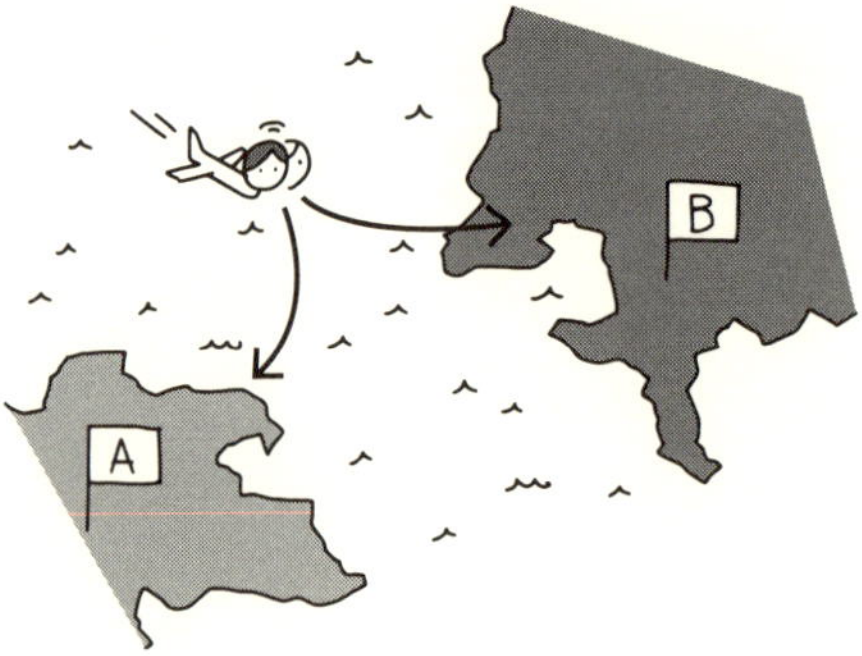

こともできないことはないが、そのために違約金や引っ越し代などの費用が追加で発生してしまう。人生における大きな選択の場合には、こうしたジレンマがついてまわることになる。

留学先を決める場合、最終的にAとBの選択肢が残ったとしよう。どちらか一方を選択して、他方を捨てる（選択しない）ことを、「トレードオフ」[注28]と呼ぶ。選択肢の双方が数字や量で示されているならば——たとえば学費や現地の物価などのように——、トレードオフそのものは難しくない。しかし一方あるいは双方が数字では表示するのが難しい条件、たとえば、大学の評判や先生の指導などの条件になると、トレードオフは難しくなる。最終的には、どちらが満足できるかで判断するしかないであろう。

そうはいっても、トレードオフに役立つ考え方がないわけではない。それが「オポチュニティコスト opportunity cost」、日本語では「機会費用」[注29]という考え方である。

注28　trade offは、何か有利なものを得るために何かを差し出す「相殺取引」のこと。ここから両立しないもののうち、一方を選ぶことを意味するようになった。

注29　一般的には、複数の選択肢のうち、最大の利益が得られる選択肢と、それ以下の利益しか得られない選択肢の間の、利益の差を「機会費用」という。もし利益が最大になる選択肢を得られれば、得られた利益を、他の選択肢を選んだことで失ってしまっているので、「費用（コスト）」がかかったと見なされるわけである。

たとえば、マンションの部屋探しで、AとBの選択肢を選ぶ場合、本来ならAを選んでおけば最大の便益を享受できるのに、なんらかの理由——あるいはバイアス——からBを選んでしまった場合、Aの便益とBの便益の差を、機会費用という。つまり、Aを選んでおけば便益が最大になったはずなので、最終的にBを選んだことによる機会費用はマイナスとなり、「損失」となるわけである。もっともこれは実際に生じた損失ではなく、あくまでも、架空の損失であることに注意が必要である。

このことが教えてくれることは、いずれかを選択する際には、それ以外の選択肢を選んだときに、どのような状況になっているのか、自分が満足しているのか、それとも後悔しているのかを、想像できるかどうかが、重要な鍵だということだろう。たとえば、Aの部屋を選んだとき、Aの条件のひとつが満足できなくて、きっとBのほうがよかったと思うかもしれないと、予想ができるのであれば、Bを選んでおくべきかもしれない。しかし人は一度決断したものに対しては、それが正しかったことを示す情報を好んだり（確証バイアス）、自分の判断を過度に信頼したり（自信過剰バイアス）、あるいは、別の選択肢があったことすらも忘れてしまう（後知恵バイアス）という、数々のバイアスが報告されているので、それほど心配することもないのかもしれない。[注30]

ものごとを決断することは難しい。そのために、多くの情報を集め、自分のことをよく知っている親族や先生、そして自分より一歩先を進んでいる先輩の意見を求めて

注30 マックス・ベイザーマン、ドン・ムーア『行動意思決定論——バイアスの罠』（白桃社、2011年）より、14-15頁。

みる必要があるのである。いずれにしても、最終的には自分自身で決めて、自分自身で責任をとるという覚悟があれば、意思決定を恐れる必要はない。むしろ、結果に対して、自分自身で責任をとれるかどうか、またその結果が自分の努力の結果であるのか、そうでないのかを、自分で見極めることができるかどうかである。これができれば、将来の成功はより確実になるであろう。

第5節 人生は偶然か必然か

ここでは、人生を決めるのは偶然であるという見方について多くを考察していない。たとえば、何かが偶然に生じることを想定して、キャリアをデザインしておくことを推奨する、クランボルツの「計画的偶発性理論」がある。[注31]今、偶然に起こったかのように思えることも、もはや変えることのできない過去の結果であって、その因果関係がわからないから偶発的に見えるだけである。だから偶然を積極的に受け入れる

注31 J・D・クランボルツ／A・S・レヴィン『その幸運は偶然ではないんです！』（ダイヤモンド社、花田光世・大木紀子・宮地夕紀子・訳、2005年）

ことが大切だというのである。こうなると、偶然も必然、必然も偶然となり、どうこう考えても仕方ないことになる。

人にとってどちらが楽な生き方だろうか。これは簡単には答えは出ないだろう。仏教でも「因果応報《いんがおうほう》」注32といって偶然に生じるものはないと説く一方で、「諸行無常《しょぎょうむじょう》」注33といって、永遠に存続するものはなく、今あるのは偶然にすぎないといわれる。だからといって、勝手気ままに生きていいというわけではない。このような生き方がまた不安をもたらすこともあろう。

人の人生（キャリア）が変化（発達）し、その影響する要因としてもっとも大きい環境も、人生以上に大きく変化していく。そうなると、自分の人生の将来を想像したり、設計したり、計画したりすることが、難しくなることは明らかである。そのため、生涯学習を通して自らのキャリアを理論的に考えてみることが必要になってきている。

21世紀に入ってますますキャリア教育の必要性が叫ばれるのは当然であろう。現代の日本の学校教育でおこなわれている、職業理解に焦点を当てたキャリア教育ではなく、自分のキャリア、あるいは人としての生きるというキャリアを広く学ぶことができる教育が必要である。それは学校教育だけでなく、大人になってからも必要なのである。これこそ、人生100年時代に求められることなのであろう。

注32　前世や過去に悪いことをすれば、現世や現在に悪い結果がもたらされるという意味。したがって現世や現在でいいことをしておけば、来世や未来にいいことが得られるという考え。

注33　世のなかで生じていることと（諸行）は、常に変化して一定した常なるものは存在しない（無常）という考え。

第4章

社会を変革する音楽リーダーシップ

第1節 音楽と社会の関係

(1) アウトリーチからソーシャル・エンゲージメントへ

オーケストラや音楽家による「アウトリーチ活動」も今では当たり前になった。アウトリーチ out reach とは「手を伸ばす」あるいは「届ける」という意味である。中心となるあるいは中央にある場所から、周辺の地域にサービスや情報を届けることである。ドクターヘリなどの救助活動からソーシャルワーカー[注1]の家庭訪問まで、アウトリーチ活動はさまざまな領域でおこなわれている。

音楽の場合だと、オーケストラや一部の団員がコンサートホールを離れて、地域の学校さらには病院や介護施設などに出向いておこなう、いわゆる「出前コンサート」などは、アウトリーチ活動の典型である。このような演奏活動の場合、演奏者はどの

注1 ソーシャル・ワーカーとは、社会生活を送ることが困難だったり、不安を抱えたりしている人たちを援助する専門職。日本では「社会福祉士」や「精神保健福祉士」などがソーシャル・ワーカーと認められる。名称や資格要件などは国によって異なる。

ような聴衆を前に演奏するのだろうか。もちろんクラシック音楽のファンもいるかもしれないが、クラシック音楽になじみのない人、あるいは昔聴いたことはあるが、あまりにもつまらなくて嫌いになったという人もいるかもしれない。つまり、コンサートホールにまで自ら足を運んでくれる聴衆とは、性格が異なるわけである。このような聴衆は「新しい聴衆」と呼ばれたりする。

アウトリーチ活動は中央や中心など、本来あるべき場所からサービスや情報を届けることであることから、どうしても送り手と受け手が対等になることが難しい。アウトリーチには「来てあげている」という「おこがましさ」がつきまとう。来る人は決してそうは思っていなくても、受け手の側が思ってしまうこともあるだろう。そこから最近では、「ソーシャル・エンゲージメント」という言葉を使用することがある。ただ言葉を置き換えるだけでなく、送り手や受け手の意識が変わらなければ仕方ないのだが。

「ソーシャル social」とは「社会の」という形容詞で、「エンゲージメント engagement」は「エンゲージ engage」という動詞の名詞形である。[注2] 本来の意味は「約束」だが、現代ではさまざまな意味をもつ。基本にあるのは、ふたつのものが噛《か》みあうこと、あるいは噛みあわさることである。ふたつの歯車のゲージが同じでなければ、歯車は噛みあわないわけであるから、ここには、送り手と受け手の両者が対等な立場であることが含意されている。

注2 「エンゲージ engage」の意味を研究社の『新英和中辞典』で調べてみると、次のように掲載されている。他動詞としては「婚約させる」、「従事させる」、「注意などを引く」、「雇う」、「交戦する」、「歯車などを噛みあわせる」、自動詞としては「約束する」、「従事する」、「交戦する」、「噛みあう」である。古いフランス語で約束を意味する「ガージュ gage」に由来する。ただし現代フランス語の「アンガージュマン engagement」は哲学用語で、「政治参加」と訳されることが多い。

噛みあうことで、双方にとってよい効果がある。片方の歯車が回転すれば、もうひとつの歯車も回転して、お互いに回転する力が伝わるからである。ソーシャル・エンゲージメントによって社会に関わることで、社会にインパクトimpactを与えることができる。社会貢献が英語では、「ソーシャル・エンゲージメントsocial engagement」あるいは「ソーシャル・インパクトsocial impact」であるのも、ここからよく理解できる。

こうした意識の高まりは、若い演奏家たちの成長を促すであろう。つまり、社会を構成する「市民」[注3]として、音楽家に何ができるのかということを、考えさせてくれるからである。音楽による社会変革という理想を掲げたいものである。地域にある課題を音楽家として、あるいは音楽活動を通して、どのように解決していけるかを、一度考えてみてもらいたい。

数年前に、アメリカのキャリア研究者のアンジェラ・ビーチング氏に、日本の音楽大学でワークショップを実施してもらったことがある。ビーチング氏が学生たちに議論してもらいたいテーマとして投げかけたのも、このような問いかけであった。それに対して学生たちがどのような課題を提示したかというと、たとえば、少子化という深刻な問題を音楽活動で解決したいという取り組みを発表したグループもいた。未婚

注3　ここでいう市民とは、○○市の市民という意味ではなく、「公民」としての市民である。詳しくは本章の第4節以降を参照してもらいたい。近代の「市民革命」によって成立した市民社会には、梶谷懐によれば、3つの意味があるという。ひとつは、法の下に平等であることによって人々が政治に参加する「公民社会」、もうひとつは、自由な経済活動によって誕生した「商業社会」である。前者は18世紀ヨーロッパの市民革命によって、後者は産業革命後の19世紀ヨーロッパに誕生した。そして3番めの市民社会が、国家的でもない、また経済的でもない、市民的な公共性を特徴とする市民社会で、20世紀末の冷戦終了後に誕生したものであるという。

梶谷懐「「市民社会」概念の歴史性と普遍性」、山下範久（編著）『教養としての世界史の学び方』（東洋経済新報社、2019年）、294-316頁。

のカップルや子どものいない夫婦をコンサートに招待して、出演した親と子どもによるアンサンブルをいっしょに楽しんでもらうという企画であった。ファミリーでのアンサンブルの楽しみを経験してもらうというものである。実際にできるかどうかは別にして、こうしたことを考えることで、音楽を通して、自分たちにできることを考えられるようになるのである。

ただしこのワークショップで、日本の学生が提案した課題とその解決について、ビーチング氏が指摘したことは、今でもよく覚えている。彼女は学生たちが提案した課題があまりにも身近で社会的な広がりをもっていないことに驚き、また苦言を呈されたのである。日本だけでなく、世界で今問題になっていること、たとえば、人種差別、難民、貧困など、こうした問題に目を向けてほしいと、訴えておられた。この点については、第6章で詳しく論じたいと思う。

(2) 地域とは何か

音楽家の社会貢献のひとつとして重要なのが、地域社会への貢献である。たとえば、地域のアマチュア音楽活動の指導者になったり、あるいは演奏家としても参加したり、公民館などの公開講座を企画して自分も講師として参加するなど、さまざまな形が考えられる。実家で音楽教室を開くことも、発表会を近隣の住民に公開するなどすれば、地域貢献といえるであろう。

さて、ここで「地域」とは具体的には、どのような地域を指すのであろうか。単純に考えれば、自分が住んでいる「市」あるいは「町」レベルの広さの地域が想定される。これより小さい「村」や、反対にさらにもっと大きな「地区」——東京でいえば、東京23区、多摩地区など、複数の市区町村が含まれる地域——、さらに大きな「都道府県」レベルの広さではないだろう。そうなると地域での音楽活動が対象とする人たちは、市あるいは町レベルの広さに住んでいる人ということになる。

ここで注意が必要なのは、今例に挙げたような地域が、行政上の区割りにすぎないということだ。同じ「地域」に住んでいる人であっても、地域での音楽活動に対する考え方や感じ方もさまざまであろう。ただただ同じ地域に住んでいるというだけで、多くの人が地域での音楽活動に積極的に参加してくれるかどうかは、わからないのである。

また、ふたつの市の境に接する町どうしは、地域とはいえないのであろうか。たとえば、ある合唱団の練習会場は一方の町にあって、近隣の人も参加しているが、もともと隣接するもう一方の町の住人たちが中心に設立されたという経緯がある場合、どちらの市に助成を申請すべきなのであろうか。逆に、行政側から演奏会の実施の依頼を受ける際にも、行政側が対象としているのは、それぞれの行政の区域に住んでいる人たちが中心となって、しかもその区域で、練習や演奏などの活動している団体なのである。

(3) 地域社会とコミュニティの相違

行政区域などの地理的な意味ので「地域」は、英語ではディストゥリクト district という。選挙区は election district である。

これに対して、コミュニティ community という英語がある。たとえば、研究社の『新英和中辞典』によると、community は「利害などを共にする団体、共同(生活)体、社会、…界」と定義されている。動植物界で見られる「群棲」や「群落」などもコミュニティという。動植物の例を想像すると、コミュニティの本来の意味がおのずと理解できるであろう。日本ではコミュニティという言葉が外来語として定着しているが、ディストゥリクトは外来語として普及していない。

行政区域をまたぐコミュニティ
　それぞれの行政区域内にも、コミュニティは存在し、区域内で活動を継続することも、それらが連携して活動することもあるだろう。

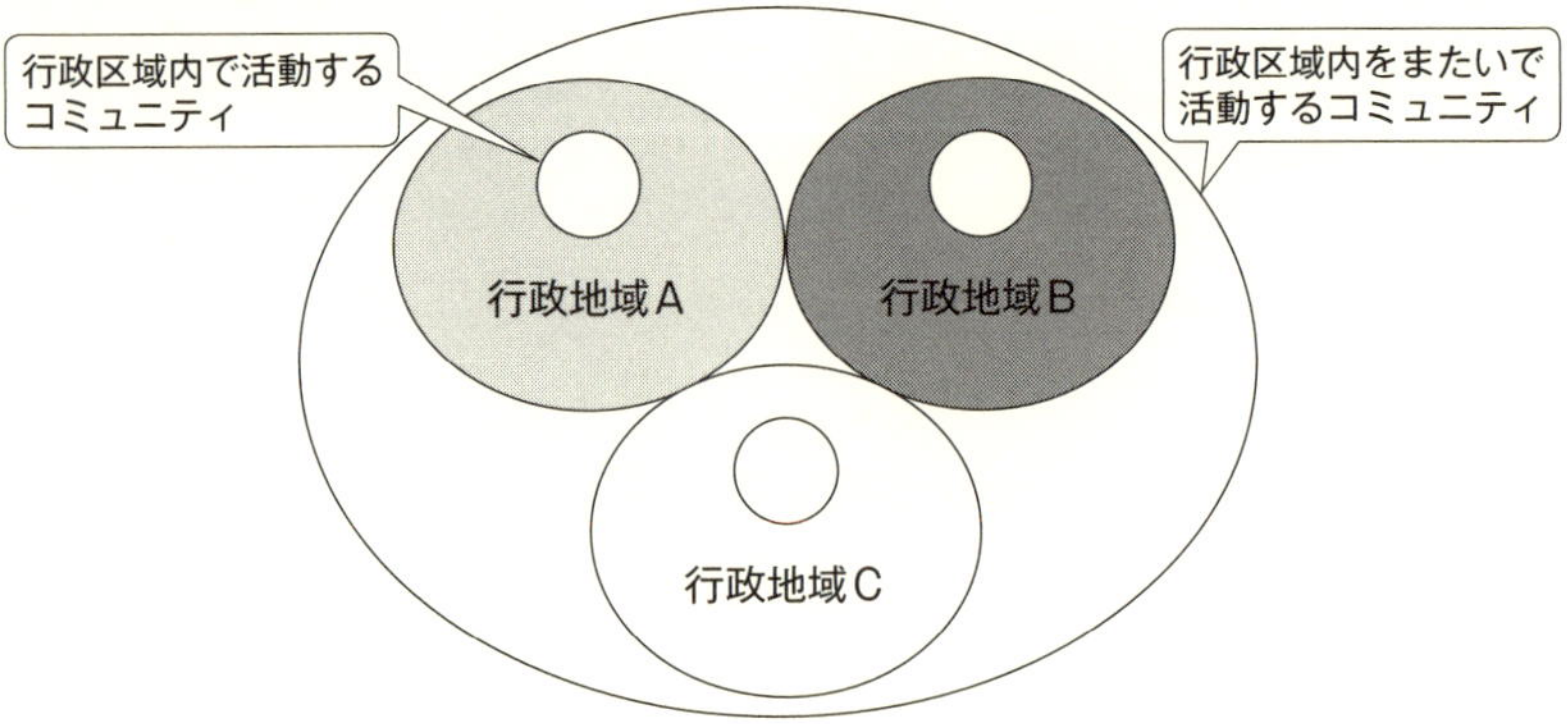

community の語源は common である。「共通」「共同」「共有」している状況を指しているので、同じ地域に住んでいる、たまたま線引きされた行政区域に住んでいるだけでは、コミュニティとはいわないのである。日本でコミュニティというと、たとえば、神社の氏子、寺の檀家《だんか》などが、コミュニティに近いように思われる。神社の祭りで神輿《みこし》をかついでいっしょになって練り歩く人たちが、コミュニティである。あるいは、同じ町に住んでいながら今までは交流がなかったが、市が町内にごみ処理場の建設を計画しているのを知って、急遽《きゅうきょ》、反対の署名活動をするために会を結成するというような話がよくあるが、このような会もにわか仕立てではあるが、コミュニティと呼べるであろう。

　このような意味では、市や町をまたいで参加する合唱団やオーケストラなどの活動は広い「地域」にわたる「コミュニティ活動」であるといえる。こうした活動に音楽の専門家として参加すれば、コミュニティを活性化させる「コミュニティ・ミュージシャン」であるといえるであろう。

(4) SNSとクラウドファンディングが作る新しいコミュニティ

コミュニティとは、地理的な共有ではなく、利害といった実利的側面だけでなく、宗教、文化、価値、生きがい、やりがいなどの文化的、精神的な面でつながった人たちである。最近では、SNSでつながる人たちも、「インターネットコミュニティ」あるいは「ネットコミュニティ」と呼ばれる。ときには社会的に有害なコミュニティもあるが、インターネットを通じて、情報交換したり、新しい価値を創出したりするなど、ビジネスとしての可能性も大きい。

またクラウドファンディング[注4]も、一種のインターネットコミュニティである。ある事業企画者が企画（プロジェクト）を公表して、賛同する人から寄付金を集めるシステムである。たとえば、知人の例を紹介すると、プロジェクトの目的は、保育園に生の音楽を届けようというものであった。保育園に通う乳幼児は両親が働いているので、生の音楽を聴く機会も少ない。乳幼児の頃から生で音楽を聴く経験は、きっと子どもの成長にとってもいい経験になるだろうという考えに発したプロジェクトであっ

注4　クラウドファンディングとは、インターネットを通じて、不特定多数の人から、提案者のプロジェクトを実施するための資金や援助を集める方法。「クラウドcrowd」は「群衆」を、「ファンディングfunding」は「資金調達」を意味する。

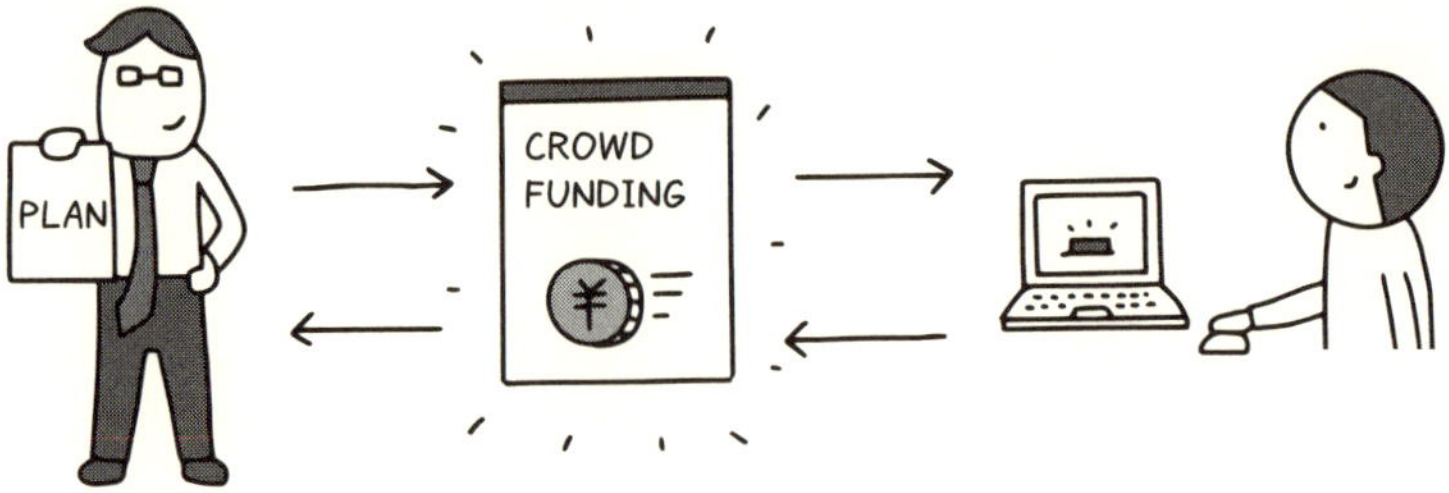

た。寄付をしてくれた人の人数は知らないが、必要とした資金を集めることができたらしい。
　このような場合、音楽家が提案したプロジェクトが、コミュニティを創出したわけである。地域、さらに年代や性別を超えて、プロジェクトの趣旨に賛同してくれた人たちが集うコミュニティである。実際に演奏をした保育園は複数の地域にまたがっており、こうした広い地域がインターネットコミュニティに支えられてネットワーク化されたといってよいだろう。保育園で演奏を聴く幼児たちの姿や保護者からのコメントが共有されれば、コミュニティのきずなはより強くなっていくであろう。

第2節 現代的課題としての音楽家の社会参加

(1) イーストマン音楽院のリーダー育成

２０１８年10月に、アメリカのニューヨーク州ロチェスターにあるイーストマン音楽院を訪問した。イーストマン音楽院は１９２１年、カメラ・フィルムの製造会社として有名なコダック社を創立したジョージ・イーストマン[注5]によって設立された音楽院である。今回の訪問の目的は、音楽院における音楽リーダー養成プログラムの授業を見学し、関係者の方にインタビューすることにあった。

音楽リーダーの養成は、修士課程レベルで実施され、14カ月にわたるプログラムが用意されている。「次世代の音楽リーダーを養成するために、音楽スキルとマネジメントスキルの両方を高める」ことを目的として、総合的なカリキュラムが容易されて

注5　ジョージ・イーストマン（１８５４－１９３２）は発明家であり実業家。写真のロールフィルムを開発し、フィルムや写真機を製造・販売するコダック社を設立した。篤志家としても知られ、ローチェスター大学やマサチューセッツ工科大学に寄付をした。ローチェスター大学に設立された音楽院には、彼の名前が冠されている。

いる（表を参照）。カリキュラムは5つの領域――アントレプルヌールシップ&キャリア、リーダーシップ&経営、演奏、音楽家と健康、インターンシップ――から構成され、コア科目と選択科目から構成されている。

表1には、2018年の秋学期と2019年の春学期に開設されている授業科目を整理しておいた。日本の音楽大学や大学院で、こうしたリーダー養成の専攻なりを設置する際の参考になるだろう。

私が2018年10月に訪問した際には、選択科目の「リーダーシップ&経営」の「将来大学教員になるためには」であった。受講生は10名くらいであった。授業の目標は、次のように掲げられていた。

音楽を職業とする人はしばしば、さまざまな教え方をしなくてはなりません。特に音楽大学や音楽教室で、たとえ非常勤であったにしても、よりうまく教えるようになりたいと思っている大学院生にとっては、この授業はきっと役に立つであろう。演奏業績を補完しうるような、教育業績をいかにして積んでいけばよいのか、その方法を学ぶことができるであろう。さらに、学習教材を構成したり、生徒の前提となる音楽的知識や経験を評価したり、生徒たちに何を期待しているのかを明確に伝えたり、さらに豊富な知識をもって同僚や校長などと教育について話ができる方法を、探求してもらいたい。

イーストマン音楽院の「音楽リーダー養成」プログラム
(2018 年秋学期 /2019 春学期)

必　修　コ　ア　科　目
21 世紀のキャリアスキル（アントレプルヌールシップ＆キャリア）
自分のキャリアについて考えはじめるにあたって、早すぎるというのはない。しかしどのようにしてキャリアパスを開始させたらよいのであろうか。この授業では、仕事に就くということはどういうことなのかを学び、キャリア形成のために必要なスキルを磨くことに、集中したいと思う。学生には、履歴書、添え状、活動歴、プレス・リリースなどを作成してもらい、キャリア発達の手段としてインターネットを活用してもらいたい。また将来のキャリア目標を設定して、ビジネス戦略を練ってもらいたい。ゲスト講師には、フリーランス、フィナシャル・マネジメント、スタートアップを話題にした講義をしてもらうつもりである。
起業的思考（アントレプルヌールシップ＆キャリア）
起業的な人とは、アイデアを事業化して価値を生み出せるようにできる人である。音楽家というのは、歴史を通じて起業的に考えてきた人たちばかりで、今後もそうあり続けるであろう。起業的な思考をすることで学生たちは、自分がもっている起業の潜在力を認識でき、社会や自分の人生における起業の役割を評価し、起業のためのプロセスとスキルを理解しまた修得する。授業では、学生諸君は、「ビック・アイデア」と題されたキャップストーン・プロジェクトを、構想し、展開し、プレゼンしなくてはならない。このプロジェクトは、学生たちが選んだアイデアを起業し、ビジネスとして成果を出していくことである。この授業に一貫するコンセプトはアイデアの創出、潜在的価値と実現可能性の評価、市場分析、ビジネス・ライティング、市場戦略の開発、予算化、ビジネス構造の分析、資金調達、契約、法的問題、効果的なプレゼン方法である。
音楽におけるリーダーシップとは（リーダーシップ＆経営）
この授業では、北アメリカにおいて革新的な音楽リーダーシップを生み出しているさまざまな動向についての理解を深め、若い音楽家がこれらの動向に参加してリーダーとなって、健全で創造的な将来を築く方法を習得してもらいたい。授業では北アメリカの有名なオーケストラ、オペラ団体、音楽学校、その他の音楽機関から、５人のリーダーに来てもらい、インタビューをする。基本となる質問は、「明日の音楽リーダーが直面しているもっとも重要なことは何ですか？ それらに対処するためには、我々には何ができるでしょうか？」である。それぞれのゲストは。自分たちの組織で、これらの問題を、教育プログラムや戦略でもってどのように対処しているのかを、明らかにしてくれるであろう。

選　択　科　目	
アントレプルヌールシップ＆キャリア	**演　奏**
芸術、メディア、プロモーション	オーディションで合格するためには
非営利の芸術界で寄付金と助成金を探す	プロの声楽家になるためには
初心者のためのレコーディング入門	ロックとポップの演奏ワークショップ
インターネット上の存在を高める	**音楽家と健康**
音楽家のための著作権とライネンス	演奏家のための医学（その１）
デジタル・マーケティング	演奏家のための医学（その２）
助成金や収入増のための戦略文章法	音楽療法入門
応用レコーディング	**インターンシップ**
人前で話すには	音楽リーダーのためのインターンシップ
リーダーシップ＆経営	
将来大学教員になるためには	
レッスンの仕方	

出典：イーストマン音楽院 公式ウェブサイトより（筆者訳）

私が見学したのは、5週めの授業で、テーマは「レッスンでの教え方」であった。受講生は自分の専門領域で、学部生にレッスンをし、その様子を録画し、そのビデオ映像を受講生たちが見て、意見交換するというものであった。受講生たちは自分のレッスン風景を録画したビデオを準備しなくてはならないが、同時に、シラバスで指定された論文を4本、読んでこなくてはならない。

(2) ポジティブ心理学とウェル・ビーイング

シラバスに挙げられた文献のなかで、日本ではあまりなじみのない言葉があった。それは「ポジティブ心理学」と「ウェル・ビーイング」という、相互に関係するふたつである。キャリアを考えるうえで、知っておいたほうがいい言葉なので、ここで簡単に説明しておきたい。

読者の方は、心理学という言葉から何を連想されるだろうか。ジークムント・フロイト[注6]の深層心理学や無意識の世界、あるいは精神的疾患だろうか。フロイトもヒステリー、不安障害の患者を相手に、精神病理を研究したひとりであった。心理学が精神的疾患を対象として、精神病治療のための学問であると、素朴に思われているのかもしれない。しかし本書の第1章で紹介した「レジエリエンス」の理論や、第2章で詳しく説明したエリクソンの発達理論やマズローの欲求段階説、そして数々のキャリア

注6　ジークムント・フロイト(1856-1939)はオーストリアの心理学者。人の心の無意識の世界を探求し、神経症などの精神的疾患を、無意識の世界に幼児期の性的抑圧が原因とするなど、人間の精神世界への理解を進めた。

発達理論も心理学の一分野であり、人間の幸福、仕事のやりがい、意欲などの、精神の「ポジティブな」側面を研究するのが「ポジティブ心理学」なのである。

ポジティブ心理学という言葉は、1950年代にマズローが最初に使用したものだ。しかし今日のポジティブ心理学の広がりは、マーティン・セリグマン[注7]というアメリカの心理学者が、1998年、アメリカ心理学会の会長に選出され、任期中に、人間のポジティブな側面を研究する心理学の創設を宣言したことにはじまる。

セリグマンに影響を与えた心理学者は、日本でもよく知られたミハイ・チクセントミハイ[注8]である。彼が編み出した言葉である「フロー体験」は、芸術家の創造性を理解する際にとても示唆的である。1996年の『クリエイティヴィティ――フロー体験と創造性の心理学』、1997年の『フロー体験入門――楽しみと創造の心理学』などの翻訳書が出版されている。

フロー体験というのは、作曲家や演奏家が作曲や演奏をするときに、我を忘れて音楽に没頭する、そのときの心理状態を指す。フローは何かの仕事に没頭して我を忘れているときにも経験するであろう。まさしく身も心も流れ（フロー）に任せて流れている状態である。

このようなフロー体験が幸福感をもたらすことは明白であり、同じように、健康であることを感謝し、おいしく食事ができることに喜びを感じるであろう。このような状態にあることが、「ウェル・ビーイング」である。英語で書くと、Well-beingとな

注7　マーティン・セリグマン（1942－）はアメリカの心理学者。「学習性無力感 learned helplessness」の命名者として有名。困難から逃れようとして何度もそれを試みてもうまくいかないと、そのうちに「もう何もやってもだめだ」と思い込んでしまうこと。

注8　ミハイ・チクセントミハイ（1934－）は、ハンガリー出身のアメリカの心理学者。「フロー概念」の提唱者として有名。

る。よい状態にあることを意味している。第1章で紹介した「レジリエンス」は、人がウェル・ビーイングを再び求めるという精神の遡及《そきゅう》力であり、マズローの自己実現欲求さえも、人生のウェル・ビーイングへのはてしなき欲求であるといえるのである。

（3）現代の若い音楽家に求められるもの

人生100年時代ともいわれる現代、長い人生を生き続けなくてはならない現代人にとって、その間のICTの変化はめまぐるしい。ICTの環境によって、生活や仕事そのものも変化するのだから、昔に比べて、人生設計も難くなるばかりである。これまでのやり方が通用しなくなり、これまでの仕事がAIに取って代わられなくなるわけであるから、当然、起業的な思考が求められるわけである。しかも起業的な思考からアイデアが生まれたとしても、それを実現するには、自らが行動し、他人の共感を得て、人を動かさなくてはならない。リーダーシップが求められる由縁である。

すべての人がこのように行動することが求められているわけではない。しかし社会（コミュニティ）のなかに音楽のあるべき場所を見つけ、また社会（コミュニティ）から必要とされる音楽家になるためには、こうした3つの資質・能力は必要とされるであろう。そしてその根本にあるのが、音楽家自身が「ウェル・ビーイング」の状態でなくてはならないということだ。

第6章で紹介するジュリアード音楽院のトマス・カバニス氏は、日本でのワークショップに際しても、音楽家自身が幸福でなければ、音楽の喜びを人に伝えることができないということを、しばしば日本の学生に熱く語っていた。彼のいう「幸福」は決して経済的な豊かさでも社会的な成功でもないはずだ。心が穏やかで、今生きていること、今音楽に携わっていることに、感謝できる心の状態なのである。

『人生100年時代の人生』の著者グラットンとスコットが、ライフ・シフトのなかで必要となる資産は、「有形資産」（家や土地、お金など）と「無形資産」であるとした。そしてこの無形資産を構成しているのが、3つの資本、「生産性資産」、「活力資産」、「変身資産」である。[注9]

簡単にいうと、生産性資産とは「人が仕事で生産性を高め、所得を増やすのに役立つ資産」で、有形資産だけでなく、知識やスキル、評判などもここに含まれる。活力資産とは、「幸福感や充実感をもたらし、やる気をかきたて、前向きな気持ちにさせる資産」である。そして「変身資産」とは、「ステージの移行を成功させるために必要な資産」である。

ウェル・ビーイングが活力資産であることはいうまでもないだろう。そして起業的思考は変身資産、そしてキャリア形成は生産性資産ということになる。イーストマンのプログラムの選択科目は、こうした3つの資産を形成するための、具体的な方策を示した科目であり、こうした資産と教育がとりわけ探索期[注10]のキャリア形成にとって必要なのである。

注9　3つの資産については、拙著『大学では教えてくれない…』の第5章で詳しく説明したので、参照してもらいたい。

注10　探索期については、本書の第2章第2節を参照してほしい。

第3節 アーティスト・シティズンとして

(1) 市民シティズンとは

「シティズン citizen」[注11]は、市民あるいは公民と翻訳されることが多い。これと関連して「シティズンシップ citizenship」という言葉もあって、「市民性」あるいは「市民的資質」と訳される。また「シティズンシップ」はイギリスでは日本でいう「公民科」に相当する教科の名称にもなっている。本書では、日本に関する場合は市民、アメリカについてはシティズン、そして市民性について、シティズンシップという言葉を使用したいと思う。

まずここで「市民 citizen」といった場合、○○県○○市の「市民」というのではないことを、最初に確認しておこう。『デジタル大辞泉』によると、市民は次のよう

注11 citizenn は都市を意味するラテン語の civitas、あるいは都市民を意味する civis に由来する。ここからは city、さらに文明を意味する civilazotion も派生する。この意味で、市民という概念は西洋文明を考えるうえでとても大切な言葉であることがわかる。

に定義されている。

市民とは近代社会を構成する自立的個人で、政治参加の主体となる者。公民。

日本ではむしろ公民としたほうがわかりやすいかもしれない。つまり、参政権（おもに選挙権と被選挙権）が与えられた国民のことである。奴隷のような従属的立場に置かれることなく、自らの意思でもって政治に参加する、社会の一構成員である人を指している。したがって市民性には、市民的要素、政治的要素、社会的要素という3つの要素があると指摘されるのも、そのためである。

しかし実際には、無意識に日常生活を送るだけになると、なかなか市民として生活し、また自覚をもつことは容易ではない。たとえば、被選挙権を使って選挙に立候補する人はごくわずかである。また残念なことに選挙権を使わない人は多い。

選挙に立候補して議員なるのは、政治によって社会を変えていくためであり、また選挙によって議員を選ぶことは、間接的に、選んだ議員によって、公約に示されたアジェンダを実現して、社会を変えることを託すことである。したがって今に限ったことではないが、日本では若者の投票率がきわめて低い水準にとどまっていることは、投票によって社会が変えられるという考えが浸透していないことが原因であると指摘されることが多い。

しかし選挙行動などからその人の市民としての成熟を判断する場合、選挙を通して立法に参加する人は「よい市民」であり、国家への帰属を視点とした、20世紀的な市民であるといえるのかもしれない。21世紀になり、グローバル化が進み、多様な価値観をもった人たちが共存する社会では、積極的に社会に関わり、社会を変革していく「アクティヴなシティズン」が求められている。[注12]

２０１９年７月21日に、第25回参議院選挙が実施されたが、全体の投票率48・８％で、前回の２０１６年より、６％下がった。注目された18歳と19歳の投票率だが、31・３％で、前回より15・５％も下がった。18歳が34・７％、19歳が28・１％というから、３～４人にひとりしか投票していないことになる。投票を棄権するということは、現状を追認することになるわけだが、これも「アクティヴな」行動なのかもしれない。高齢者優遇の政治は当分続くのかもしれない。我々高齢者はありがたいが、若い人たち、これでいいのですか？　と、老婆心ながら心配になってくる。

⑵ シティズンシップ教育

若者だけでなく日本国民の政治参加を促す、あるいは市民として自覚を高めていくためには、義務教育や高等学校までの教育において、市民としての自覚、つまり「市民性（シティズンシップ）」を高めるための教育――これを「シティズンシップ教育[注13]」

注12　日本でも２０１５年に公職選挙法が改正され、選挙年齢が20歳から18歳に引き下げられた。しかし２０１７年10月の第48回衆議院議員総選挙では、18歳から19歳までの投票率は４０・４９％だったが、20歳代の人たちの投票率は３３・８５％だった。

注13　シティズンシップ教育については、長沼豊／大久保正弘編著、バーナード・クリックほか『社会を変える教育 Citizenship Education　～英国のシティズンシップ教育とクリック・レポートから～』（キーステージ21、２０１２年）、小玉重夫『シティズンシップの教育思想』（２００３年、白澤社／現代書館）を参照した。

という——が求められる。

イギリスの教育省が公表している『シティズンシップ——キーステージ3-4のための学習プログラム』（2013年2月）によると、学習の目的は次のように示されている。[注14]

> シティズンシップのための良質の教育は生徒たちが積極的かつ豊かな社会参加ができるように、知識、技能、理解を提供する。特にシティズンシップ教育は、イギリスという国家がどのように統治され、法律がどのように制定され、尊重されているのかに対する、生徒たちの気づきを鮮明にして高めなくてはならない。また生徒たちが責任ある市民として社会参加できるように、金銭をうまく管理して、健全な意思決定をするためのスキルと知識を教えなくてはならない。

この目的には、日本でいう「公民教育」と「金融教育」[注15]というふたつの教育の目的が含まれている。政治的な自律と経済的な自律が重視されており、広くキャリア教育にも含まれるだろう。

小玉重夫氏は、「政治的な自立」と「職業的な自立」を分けたうえで、後者は学校教育だけでなく、その他のさまざまな機会や場所で涵養《かんよう》され、学校教育の期間だけに限定されないとしている。職業的な自立とは、同時に経済的な自立ときわめて密接に

注14　イギリス教育省の公式ウェブサイトより。"Citizenship Programmes of study for Key Stages 3-4" (February 2013) https://assets.publishing.service.gov.uk/government/uploads/system/uploads/attachment_data/file/239060/SECONDARY_national_curriculum_-_Citizenship.pdf

注15　金融教育とは、お金や金融についての知識を学び、自分の生活や人生を送るうえで必要な態度や倫理感を養うことを目的としている。学校教育では、社会科や家庭科のなかで教えられることが多い。日本では金融庁や銀行が実施しており、金融犯罪に巻き込まれたりしないように、あるいは、多重債務で人生を破綻させてしまわないようにという注意喚起もおこなわれている。

関連していることは明らかであろう。職業の目的は経済的「自立」であり、経済的「自立」があってこそ、職業を継続していることができるからである。労働で得た賃金をギャンブルや飲酒ばかりに費やすような人だと、職業生活も破綻してしまうのはそのためである。

政治的な自立についてはこう述べてる。

…一八歳までの教育に責任を負う公教育としての学校は、まさにそうした意味での政治的市民の養成をこそ、ある意味での限定的な完成教育として中心的に担うことが求められているのではないだろうか。ここで限定的な完成教育としたのは、それが職業的な自立を含む全人格的な完成教育ではなく、あくまでも政治的な市民の養成に限定されたものであるという意味である。（116頁）

日本では、2015年の選挙年齢の引き下げに際して、全国の高等学校では、シティズンシップ教育と称して、模擬投票などがおこなわれたが、カリキュラムとして体系化された教育がおこなわれるべきなのであろう。確かに高校では「公民」という教科があり、政治・経済・社会について学んでいるが、受験科目であることから、哲学や倫理に関する人名や用語を暗記する科目になっていないだろうか。

小玉氏は学校教育に限定された形で、「政治的な自立」を涵養するシティズンシップ教育を提言されているが、シティズンシップ教育は、人生全般に関わるキャリア教育と同様に、成人してからの生涯学習として学び、また教えられるものなのかもしれない。また金融教育も、社会科や家庭科において一部その内容——金融のしくみや家計など——を学習することになっているが、キャリア教育としての連関で教えられるべきであろう。[注16]

(3) アーティスト・シティズン

芸術家あるいは音楽家が、社会の課題や問題に目を向けて、芸術や音楽を通した活動をすることで、それらを解決し、社会の変革を求めるならば、その人は「アーティスト・シティズン」であるといえるであろう。

第6章で紹介するカーティス音楽院を卒業した3人の「コミュニティ・アーティスト」、さらにカーネギー財団で財団の社会的ミッションのひとつを、音楽活動を通して実現しているカバニス氏は、立派なアーティスト・シティズンであり、「アクティヴな市民」であるといえるであろう。

図1に示したように、全人格的な完全教育では、職業的な自立と政治的な自立の涵養が目標とされ、前者は義務教育から大学教育までを含む職業教育——たとえば、法学部で学んだが法律の専門家にならずに会社員になったとしても、大学教育は職業教

注16 人生を設計するうえで、お金の問題は避けて通れない。本書ではあまり詳しく論じていないが、拙著『大学では教えてくれない…』の第7章「ファイナンスのマネジメント」で詳しく説明している。また筆者は2006年から2018年まで実施された、東京学芸大学とみずほフィナンシャルグループとの金融教育に関する共同研究プロジェクトの代表などを務めたが、そのなかで、金融教育とキャリア教育との融合を提言してきた。
https://www.mizuho-fg.co.jp/csr/education/index.html?rt_bn=fg_top_main_ctg3

育のひとつである——によって、後者は義務教育では「公民」や「倫理」といった教科の他、シティズンシップ教育によって実現されるであろう。

　では、アーティスト・シティズンはどのような教育を受けるのであろうか。職業的な自立、つまりアーティストとしての資質は、当然のことながら、音楽大学や美術大学での専門教育によって修得できるであろう。しかし政治的な自立あるいは社会的な自立、つまりシティズンシップは、高等学校までの「公民」や「倫理」の教科、運よくシティズンシップ教育を受けたにしても、きわめて一般的なものにとどまらざるをえないように思う。やはり、芸術や音楽のそれぞれの分野に特定化された——たとえば、本章で紹介したような、イーストマン音楽院の「音楽リーダー養成」のような——カリキュラムが必要とされるのであろう。

シティズンシップ教育とアーティスト・シティズン

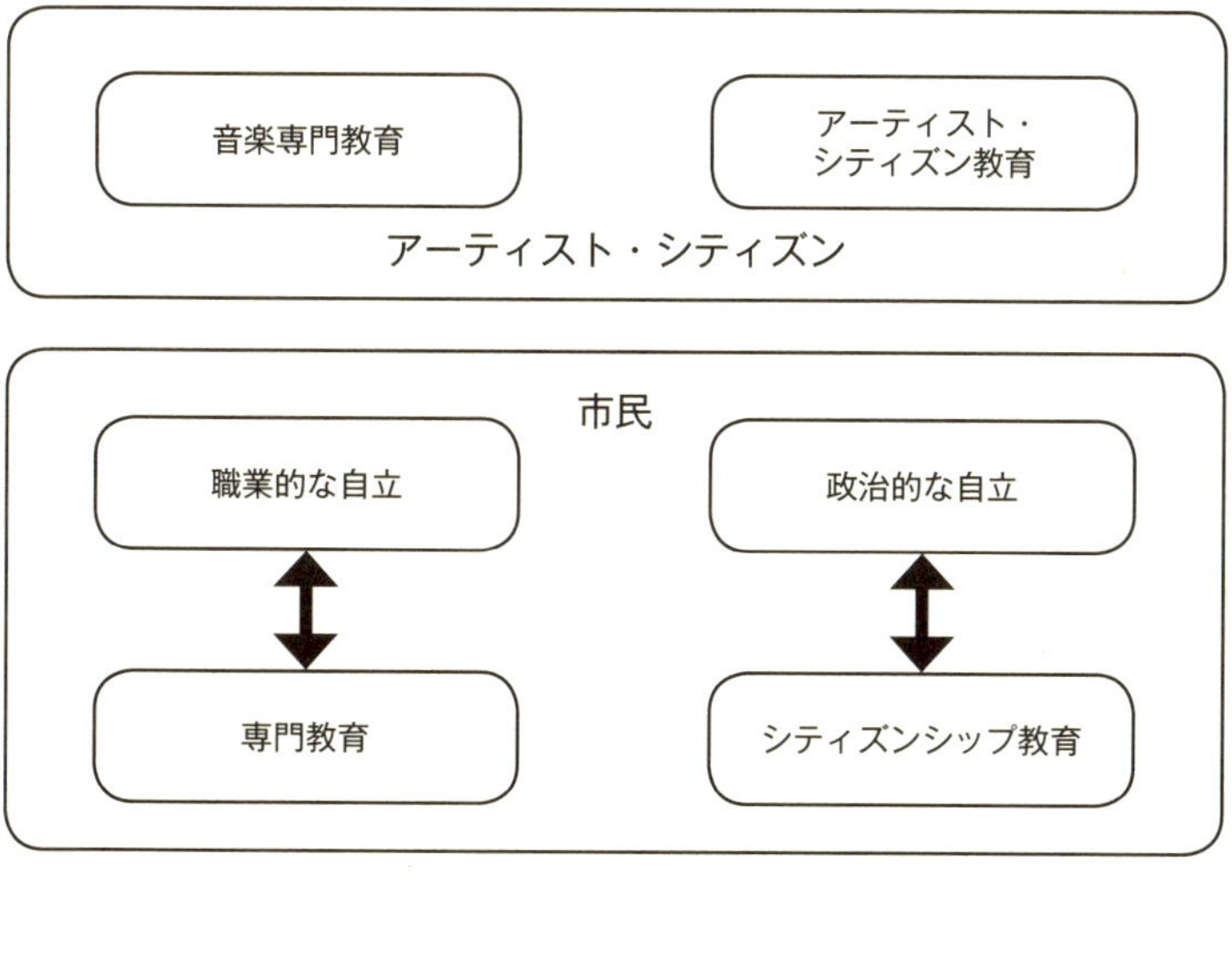

第5章

聴衆参加を促す「インタラクティブ演奏会」

第1節 インタラクティブ演奏会とは

(1) インタラクティブとは

インタラクティブは、英語の interactive のカタカナ語である。日本語に直すと「対話的に」あるいは「双方向的に」となる。コンピュータの画面や音声によるメッセージに対して、利用者がマウスやキーボードによる入力操作で返答することを指す。インタラクティブ・サービス(双方向サービス)やインタラクティブ・システム(双方向システム)などの言葉が

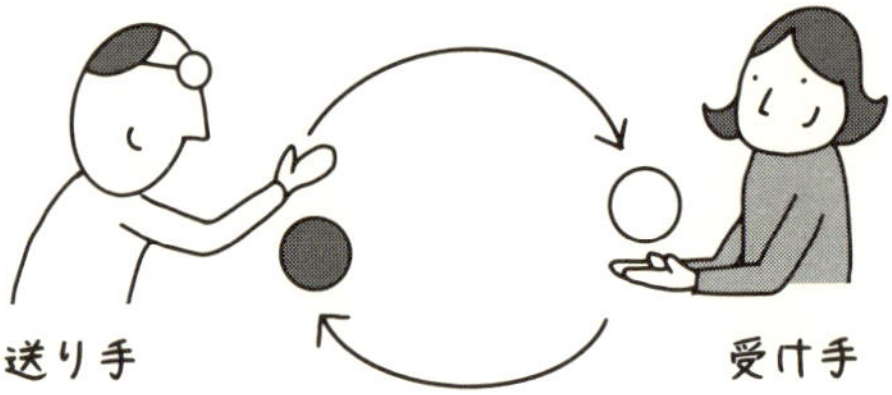

ある。Interは「～間で」、activeは「作用している」あるいは「活動している」状態を指している。ここでは、送り手から送られたものに対して、受け手が何かを付加して、送り手に再度、投げ返すという、循環が生じている。

インタラクティブ演奏（会）というのは、右の図で左側の人が演奏者、右側の人が聴き手になるような関係になる演奏（会）である。デイヴィッド・ワレス氏は、インタラクティブ演奏（会）を次のように定義している。[注1]

> インタラクティヴな演奏（会）とは、演奏者たちが聴衆のひとり一人が、演奏、創造、そして振り返りができるように支援して、音楽を聴くという経験の質を高めてあげられる演奏（会）である。…
>
> 演奏者たちは聴衆がその曲だけの世界に入っていけるようにしてあげるのである。（4－5頁）

より質の高い音楽経験とは、どのような経験をいうのであろうか。聴衆が音楽に意識を集中させて音楽に聴き入っているとき、音楽を聴いて「いい音楽だった」と思えるとき、また同じ曲を聴きたい、あるいは同じ人たちの演奏を聴きたいと思えるとき、音楽の美しさに心奪われたとき、音楽を聴いて感情を揺さぶられ感動を覚えたとき。音楽経験は人それぞれに異なるが、共通するのは音楽の世界に入っていけたとき

注1　デヴィット・ワレスは、ヴィオラ奏者。ニューヨーク・フィルハーモニーで長年ティーチング・アーティストとして活動。現在は、ボストンのバークリー音楽院で教鞭をとる。最近『聴衆を巻き込む。インタラクティブ演奏をしたい音楽家のためのガイド』（Berklee Press. 2018）を出版した。

である。

聴衆のひとり一人がこのような経験ができるような演奏（会）になるためには、演奏者と聴衆が双方向的な関係になる必要があるという。ワレスの言葉を聞いてみよう。

質の高い音楽経験こそ、インタラクティブな演奏の存在理由です。聴衆にどのような人が混じっていようと、音楽的な能力がどうであろうと、インタラクティブな演奏をしようと思う演奏者は、聴衆を巻き込み、導き、そして楽しませなくてはなりません。双方向であることは、楽しくて、すてきな贈りものですが、ただ演奏（会）に花を添えるだけではありません。生の音楽を聴いてもらう演奏会が今後生き残っていくために、ぜひとも必要な要素なのです。聴衆が中心となって参加できるようなという要求は高まりつつあって、それに答える演奏会をデザインしなくてはなりません。経験の少ない聴衆が音楽を深いレベルで理解して満足できるような演奏（会）が必要とされているのです。そして会場のすべての聴衆を巻き込むことができる演奏家が必要とされているのです。（5頁）

（2）どうしてインタラクティブ演奏会が必要なのか

音楽を演奏したり、聴いたりする前に、どうして音楽家は聴衆にこうした「サービ

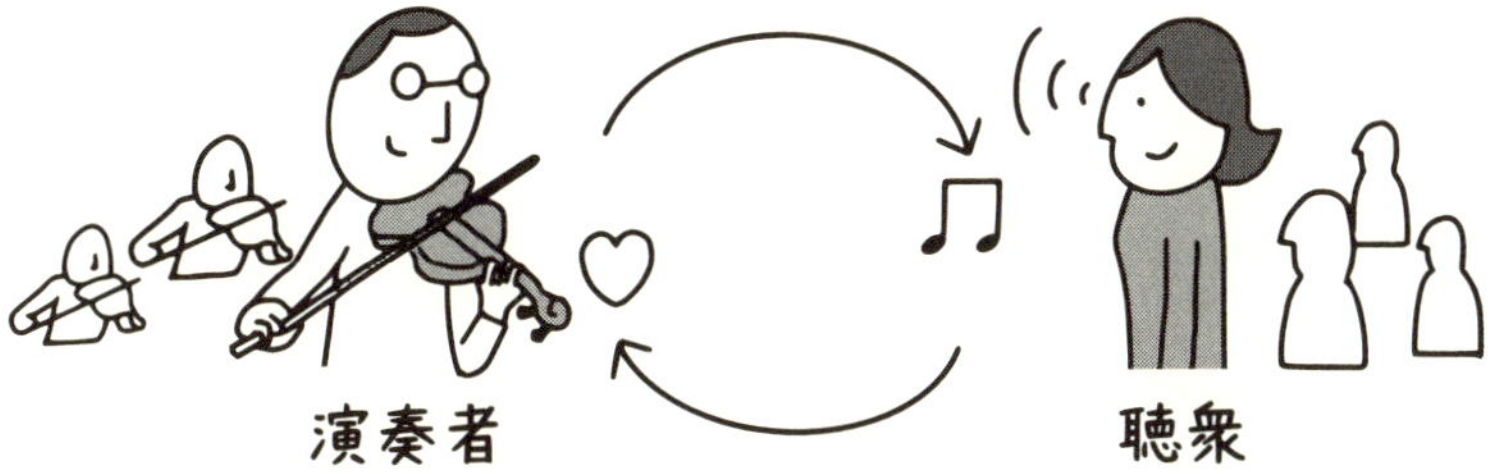
演奏者
聴衆

ス」をしなくてはならないのだろうか。これまでのクラシックの音楽家たちは演奏会場でコンサートを開催すれば、その音楽家を愛する人たちやクラシック音楽の愛好家たちが、チケットを購入して来てくれた。ここに集まる人たちは、音楽を愛し、また音楽を聴くために集まってくれる人たちである。だからこそ、演奏家は黙ってステージに登場し演奏をし、聴衆は静かに聴き、終わりになれば拍手をしてくれたわけである。チケットの購入代金に見合う経験ができれば、聴衆は満足できるわけである。ここでは、「市場経済の原理」[注2]が働いている。

アウトリーチなどで小学校の音楽教室や老人施設で演奏する場合を、想像してもらいたい。音楽が嫌いな人もいるかもしれないし、その場に来たくて来た人でないかもしれない。コンサート会場に足を運んできてくれる聴衆と比べると、ずいぶんと違う。音楽経験もさまざまだし、音楽を聴くという気持ちがあるかどうかもわからない。しかし演奏家はそのような聴衆であっても、ある一定の時間、演奏しなくてはならないのである。アウトリーチの現場で音楽家たちが対面する、こうした「雑多な」聴衆が、「新しい聴衆」と呼ばれているのだ。[注3]

このような雑多な聴衆であっても、大人であれば一応は静かに聴いてくれるし、「社交辞令」で拍手もしてくれる。しかし実際のところ本当に「楽しんで」聞いてもらえているかどうかは保証できない。ましてや幼い子どもが相手となると、さらに簡単にはいかなくなるだろう。何かしら惹きつけるものが、演奏者や演奏に備わってい

注2　「市場経済の原理」とは、貨幣（価値）と商品が等価で交換されるという原理。聴衆は演奏会チケットを購入するために出費したお金に見合う演奏が聴ければ、満足するのである。

注3　「新しい聴衆」については、拙著『2018年問題とこれからの音楽教育』（ヤマハミュージックメディア、2017年）で詳しく説明した。

ないといけないのだ。かといって、老人施設では昔懐かしい童謡ばかりを演奏したり、子どもたちにはアニメのテーマ曲ばかりを演奏したりするなど、聴衆に「媚《こ》びる」必要はないだろう。これまでクラシック音楽を勉強してきた人が、そうそうこのような状況に満足できるわけではない。

そうなると、クラシック音楽をクラシック音楽になじみのない人にも、「楽しく」、同時に、「深く」体験してもらうための工夫が必要になる。そしてこうした工夫をすることで、参加した聴衆からは、「音楽を聴いて楽しかった」、「音楽を聴いてよくわかった」、「もう一度聴いてみたい」といった、率直な感想が聞かれるのである。

この「もう一度聴いてみたい」という言葉が大切なのだ。楽しい体験をさせてもらったので、もう一度あなた方の演奏を聴いてみたい、あるいは、返礼としてCDを購入したい、コンサートに行ってみたいと思ってもらえることで、音楽家の収入がアップするのである。リピーターやフォロアーの増加につながるわけである。聴衆のこのような反応は、チケットの購入の対価として演奏を求めるのとは、異なる。むしろ、演奏の返礼として、チケットを購入する。これは、エリック・ブースも指摘するように、「贈与経済の原理」[注4]である。

注4 「贈与経済の原理」とは、市場経済の原理とは異なり、等価での交換は求められていない。演奏家が演奏によって聴衆に質の高い音楽経験をしてもらうことで、将来、再び演奏会に来てくれたり、CDを買ってくれたりするというように、即座に貨幣と商品が交換されるのではなく、恩恵を受けたという気持ちが長続きしていく状況を意味している。

エリック・ブースはふたつの原理でもって、ティーチング・アーティストの仕事としての魅力を伝えている。エリック・ブース『ティーチング・アーティスト——音楽の世界に導く職業』（水曜社、久保田慶一・大島路子、大類朋美・訳、２０１６年）を参照してほしい。

第2節 ティーチング・アーティストとはどんな人？[注5]

（1）ティーチング・アーティストの仕事

ティーチング・アーティスト（Teaching Artist　以下、ＴＡ）とは、どんな人なのでしょうか。直訳すれば、「教える芸術家」である。ＴＡの分野で「聖書」のような存在になっている本が、エリック・ブースの『ティーチング・アーティスト――音楽の世界に導く職業』（水曜社、２０１６年）だが、そこでは、ＴＡは「芸術を教えるだけでなく、芸術を通して人を教育することを、仕事の一部としている人」と定義されている。そしてＴＡの人たちが好んでおこなうのがインタラクティブな演奏なのである。

ごくごく一般的なコンサートでは、演奏家はステージに登場すると、お辞儀をし

注5　第2節の「ティーチング・アーティストとはどんな人？」は、拙著『新しい音楽鑑賞　知識から体験』（水曜社、２０１９年）の第２章「ティーチング・アーティストのスキルを活用する」のなかの、第1節（1）と第2節から、一部修正のうえ、転載した。

て、おもむろに演奏をはじめ、聴衆はその演奏に静かに耳を傾ける。演奏が終わると盛大な拍手をして、演奏家もそれに応えて、やがてステージをあとにする。このような演奏会では、演奏家と聴衆は演奏家の演奏する姿を見たり演奏を聴いたりすることで、互いにコミュニケーションをしているといえるかもしれない。しかしこれは一部の聴衆であって、聴衆のなかには気もそぞろにコンサート後に行くレストランのことを考えている人もいるかもしれないし、あまりクラシック音楽は好きではなく、お義理で来たという人もいるかもしれないのだ。

しかしもし演奏家がステージに登場して、これから演奏する曲のなかからメロディーをひとつ選んで演奏して、「さあ、皆さん、このメロディーを口ずさんでください」と言ったらどうだろうか。会場の人たちは何度かそのメロディーを口ずさんでいるうちに、すっかり覚えることができたとする。そして演奏家はこう言うわけである。「これから皆さんに聴いていただく曲では、今皆さんが口ずさんでくれたメロディーが、何度も登場します。でも、いつも同じではありません。メロディー自身が変化している場合もありますし、背景にある音楽が変化している場合もあります。さあ、皆さん自身で聴きながら、このメロディーの変化を追っていきましょう」そうして演奏がはじまるのだ。

この演奏家は演奏する曲が「変奏曲」であるとは、説明していない。またどのように変奏されるか、いわば曲の聴きどころも説明していない。[注6] ただ教育的な配慮とし

注6 「新しい聴衆」を前にした演奏会では、音楽家は絶対に音楽の専門用語を使ってはいけない。音楽的なことを話す場合には、わかりやすい言葉で説明しなくてはならない。このことはアウトリーチの場合でも同じである。専門用語を使うことで、聴衆との間に高い壁ができてしまうからである。

て、最初にテーマを覚えてもらって、このメロディーや背景の音楽が変化するということだけを教えている。聴衆は、楽曲についての知識を得る前に、楽曲の、ここでは変奏曲の主題を、実際に口ずさむという「体験」をしたわけである。さらに「このメロディーを少し変化させてみましょう」と言って、参加者全員でメロディーを変化させて、どのような形になるのかを探究してもいいかもしれない。そうしておけば、実際に変奏曲を聴いたときに、作曲家がどのような方法で変化させたのか、自分たちが探索した方法のなかのどれを選択したのかを発見できるであろう。

このように「知識より体験」を優先して演奏をおこなう演奏家は、まさにインタラクティブな演奏家であり、TAなのである。芸術家（演奏家）として演奏をおこないながら、同時に聴衆に体験してもらうための教育もしているのである。演奏するためにスキルが必要であることは当然だが、教育するためにもスキルは必要である。聴衆が子どもであるのか、成人であるのか、高齢者であるのかによって、同じ内容を伝えるにしても、表現の仕方も異なってくる。また何を体験してもらうのかを決める際にも、音楽分析や楽曲に対する理解だけでは十分ではなく、人間としての価値観や経験なども影響してくるであろう。ブースはこう言っている。「私たちが教える内容の80％は自分自身である」と。「音楽家であるということが何を意味しているのかを、自分の行動を通して教える」のが、TAだというのだ。だから演奏と同じ程度に、うまく教えることができるようにならなくてはならないのである。

（2）芸術と教育とのむすびつき

私たちが芸術作品を鑑賞するときに、私たちそれぞれが「私」や「私」の世界にない「価値あるもの」を知り、経験することを目的のひとつとしている。新しい世界を経験することで、私たちは新しい「私」を創造し、今に生きていることを実感できるといえるだろう。しかし芸術作品に対峙《たいじ》しているだけでは――音楽でいえば、音楽をただただ聞き流しているだけでは――、私たちは「価値あるもの」に出会い、そのことで新しい「私」を創造していくことができないだろう。[注7]

ブースはこうした未知の世界との新しい遭遇という経験の内在化という行為と、教育がもたらす学習とは大いに共通するという。すなわち、「芸術と学習は、自分自身と新しいことがらとの間に、自分なりの関係を築くことです」と語り、「TAの仕事は、人を体験に誘い自らで体験してもらうこと」を目的にしており、「人々に参加を促し、成功をもたらすのです。楽しく、そして人を変えてしまう」と述べ、TAが単なる演奏家でも、単なる教育家でもなく、それどころか、人の人生を変えてしまうことのできるスピリチュアルな仕事であるともいっている。

音楽の場合には、実際に演奏を聴くという行為が必要となってくる。そして多くの場合、楽曲の演奏時間が、私たちの鑑賞という行為の事案とある。確かに楽曲を飛ば

注7　詳しくは拙著『新しい音楽鑑賞――知識から体験へ』をご一読いただきたい。

し飛ばしに聴いたり、途中から聴いたりもすることも可能で、それは小説を飛ばし飛ばし読んだり、先に結論だけを読んでから読むということにもよく似ている。しかし音楽自身が生み出す時間あるいは作曲者が創造した時間——これを「音楽的時間」と呼ぶ——を追体験するためには、少なくとも楽章のはじめから演奏を聴くという行為が必要となる。そして、この一定の時間の経過のなかに、音楽が存在して、私たちは音楽を聴いている間、あるいは場合によっては聴いたあとに、「私」にとっての「価値あるもの」を見つけ、新しい「私」の創造の源にしていくわけである。鑑賞は実際に音楽を聴いて、「価値あるもの」を新しい「私」の創造の源に変える「消化・吸収」のプロセスといえるだろう。そうなると、私たちは音楽を聴く前に、音楽の世界に入っていくための「入り口」を見つけておいて、「私」にとっても「価値あるもの」を経験する道筋を知ってしておくことが必要になるであろう。

ＴＡが演奏前におこなうさまざまな活動の目的は、３つのことに集約できる。ひとつは、「価値あるもの」、すなわち楽曲との「個人的に大切なつながり」を、聴衆のひとり一人に発見してもらうこと。ふたつめは、その発見につながる、楽曲への「入り口」——「エントリーポイント」という——を見つけること。そして3つめは、それを実際につながる活動——「アクティビティ」という——をおこなうことである。

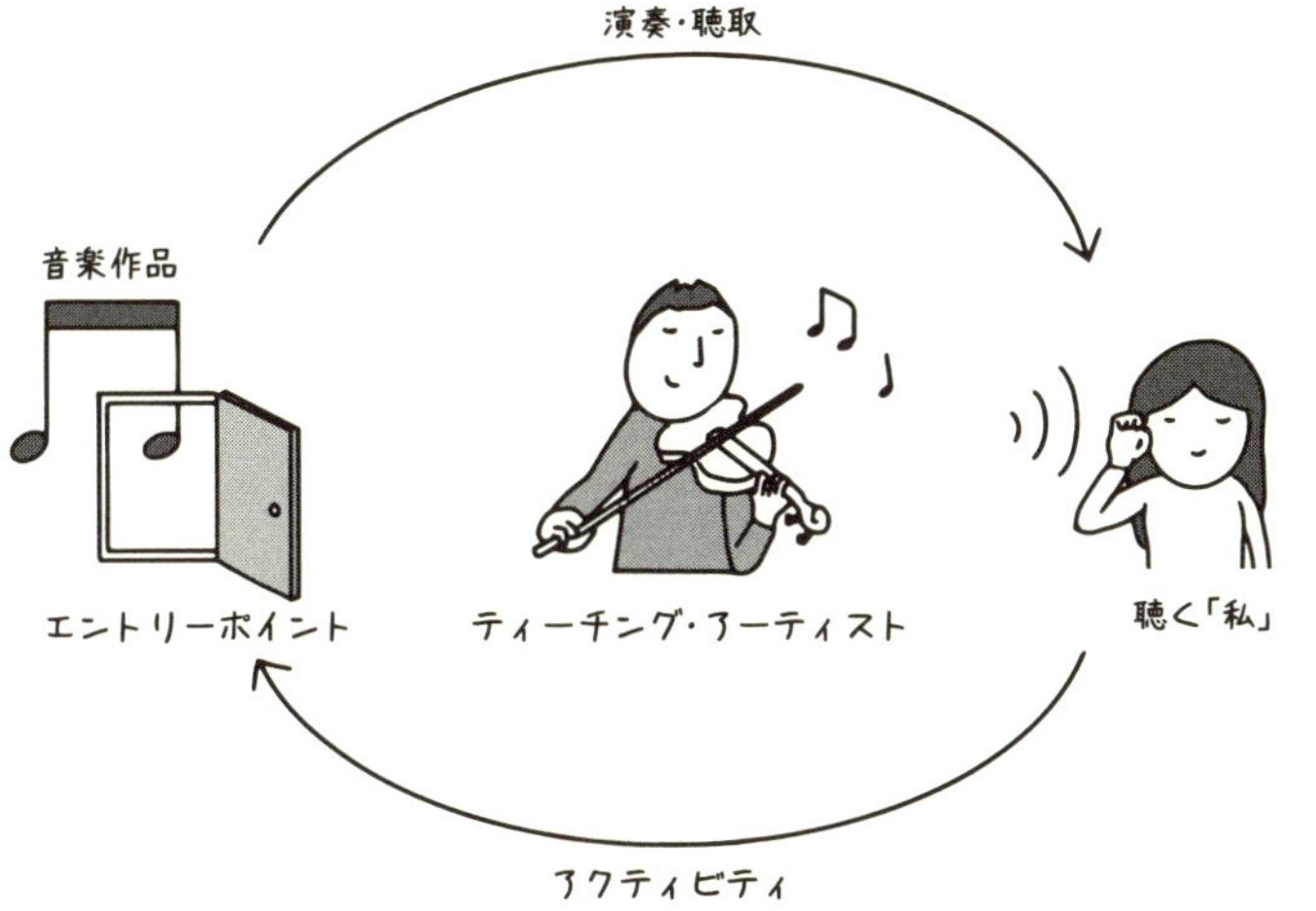
演奏・聴取
音楽作品
エントリーポイント
ティーチング・アーティスト
聴く「私」
アクティビティ

(3)「個人的に大切なつながり」を見つける

コンサート会場でも教室でも、演奏家が聴衆のひとり一人に向きあうことはできない。せいぜい全体に質問をして、「誰か答えてくれる人はいますか」という呼びかけに答えてもらうぐらいしかないだろう。

しかしTAは人々が音楽作品と個人的に重要な関係をもてるように、その能力をサポートしてあげることを目的にしている。つまり、TAは個々の参加者が音楽作品と関わりあえるようにし、その人にとって重要なやり方で、音楽作品を説明してあげるのである。参加者ひとり一人の「私」を前提にして、音楽作品と個人的なつながりをもてるようにサポートするわけだ。音楽芸術作品の「扉」を開けて、そこから音楽の世界に入っていくのは、ひとり一人の「私」でしかない。要するに音楽作品を理解できるのは、訓練を積んだ者だけだと考えてはいけない。指導する人たちは聴衆のひとり一人が生まれもった「音楽の力」を無視してはいけないのである。

もし自分だけのつながりを見つけることができれば、それは大いなる喜びとなるであろう。そして聴衆は新しい「私」を創造し、さらに別の芸術作品との新しい対話を求めるようになるといえるだろう。

では、実際に「個人的に大切なつながり」とはどのようなものなのだろうか。つな

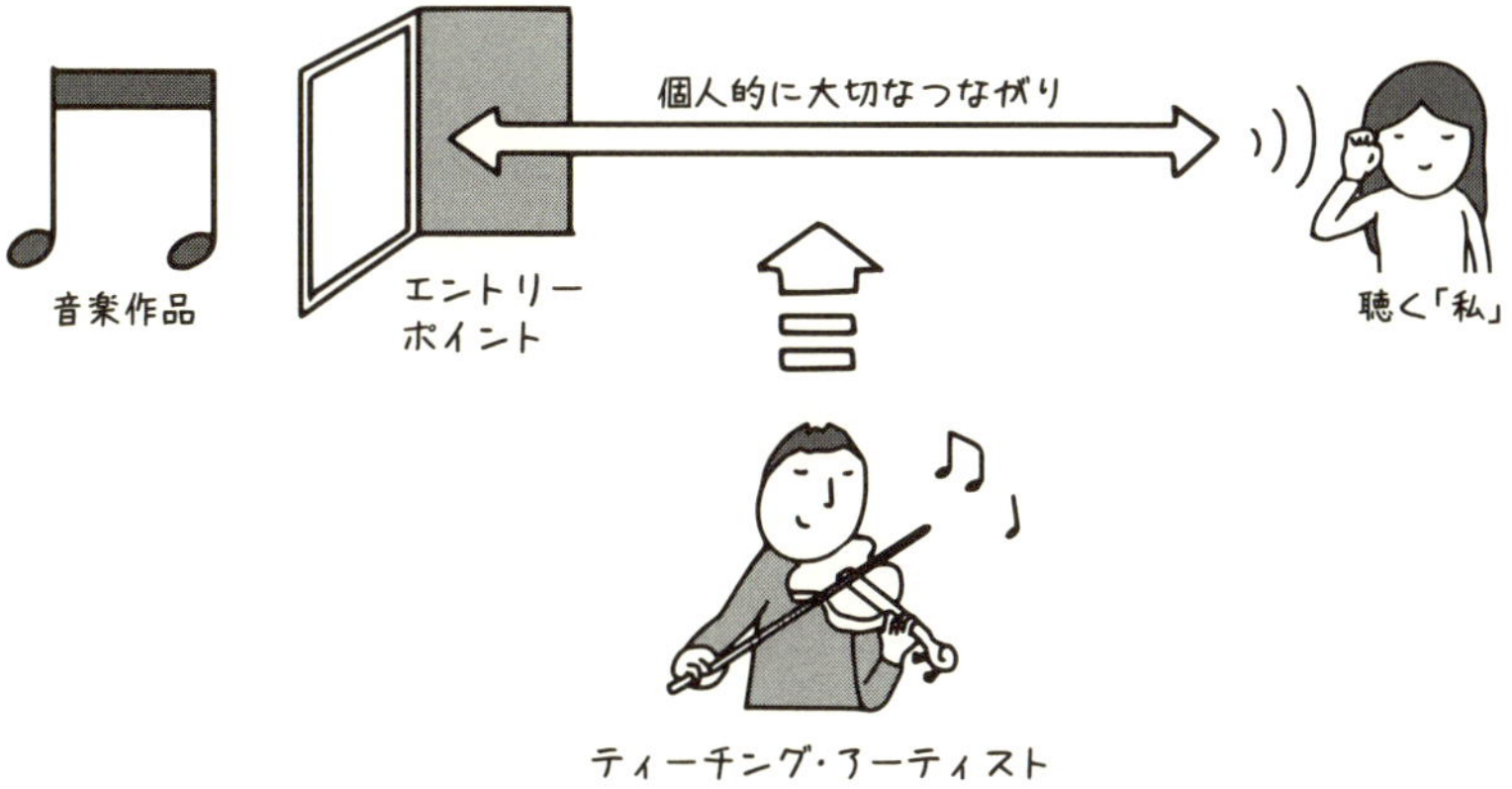

がりは「個人的」なので、個々に「これがつながりです」とはいえないわけだが、おおよそ4つに分類できるだろう。

- 楽曲理解につながるアクティビティに参加することで得られる「共感」
- 演奏前に聴いた音楽的要素を発見する「喜び」
- 楽曲の構造や構成を聴いて確認できる「知的満足」
- 過去の経験や自分の心情を、音楽を通して追体験する「感情の惹起《じゃっき》」

「共感」、「喜び」、「知的満足」、「感情の惹起」はいずれも個人的なものである。「喜び」となるもの、知的な関心が抱けるもの、これらはすべて人によって異なるからである。たとえ同じ音楽を聴いていても、すべての聴衆が同じようなところに同じような「喜び」を得る必要はない。聴衆の年齢や性別、経験の度合いに応じて、音楽鑑賞を通して、自分の世界を広げ、人間的に成長してくれることが望まれるであろう。

(4) エントリーポイントを見つける――「知識より体験を」

エントリーポイントは直訳すれば「入り口点」である。「侵入地点」と訳してもいいかもしれない。TAたちは、このエントリーポイントをどのように理解しているのだろうか。今後、TAとなる人には、よく理解しておいてもらいたいと思う。なぜなら、エントリーポイントとして、何をどのように設定するかで、インタラクティブ演奏(会)の成否が決まってしまうからだ。

エントリーポイントの設定は実はそう簡単にはできなくて、筆者も四苦八苦するわけだが、実際にエントリーポイントやそれに基づく、あとで説明するアクティビティについて、あれやこれやと考えているときが、一番に楽しいという面もある。きっとエントリーポイントを見つけ、アクティビティを考案する行為が、きわめて創造的であるからだろう。

つながり方は「私」によって、あるいは芸術作品によっても、異なってくる。だからこそブースは「『関係付け』は世界で最も小さな創造行為です。人々は創造を通してこのことを成し遂げなくてなりません。」というわけだ。TAにおいて重要なことは、「知識より体験を」だ。知識を与えるよりも、聴衆に参加を促し、彼らが積極的にこれから聴く音楽作品に関わりをもってもらうことを最優先にするのだ。

ここでは、前述した「個人的に大切なつながり」の傾向に対応した、エントリーポイントの例を簡単に紹介するだけにしておきたいと思う。

楽曲理解につながるアクティビティに参加する
・主題を自由に変奏する
・リズム打ちをして楽曲の序奏にする
・自分たちでオーケストレーションして演奏をしてもらう

演奏前に音楽的要素を聴いておく
・楽器の特殊奏法とその音色を聴いておく
・音や旋律の重なりの効果を聴いておく
・楽曲展開の中心的なリズムを知っておく

楽曲の構造や構成を確認しておく
・主題動機の配分の可能性を確認しておく
・変奏のプロセスを確認しておく

・声部の組みあわせを確認しておく
過去の経験や自分の心情を想起しておく
・題名や歌詞から過去の経験を想起してみる
・題名や歌詞について自分の感じることを言葉にしてみる
・作品成立の背景を学んで作曲者の心情を想像しておく

(5) アクティビティ——「プロセスと結果のバランスが大切」

ここでの目的は、聴衆が音楽作品と「個人的に大切なつながり」がもてるようにすることだから、その目的を達成するまでのプロセスが大切になる。そのプロセスは「探索の旅」と呼べるかもしれない。その旅の出発点こそが、エントリーポイントなわけだ。旅は楽しいものでなくてはならない。決して聴衆に迎合することなく、音楽作品に固有な方法で、旅を楽しいものにしていかなくてはならない。TAの活動では、いつも「遊び」の要素が重視されるのはこのためだ。また音楽の演奏に「遊び」を入れるという奇跡は、演奏家(TA)なり、音楽の専門教育を受けた音楽科の教員(アーティスティック・ティーチャー)にしかできないことだろう。

TAの手法を活用する演奏家たちは、積極的に聴衆を参加させる方法を用いる。ときに聴衆に体を動かしてもらったり、意見や感想を言ってもらったり、作業をしても

2種類の鑑賞方法

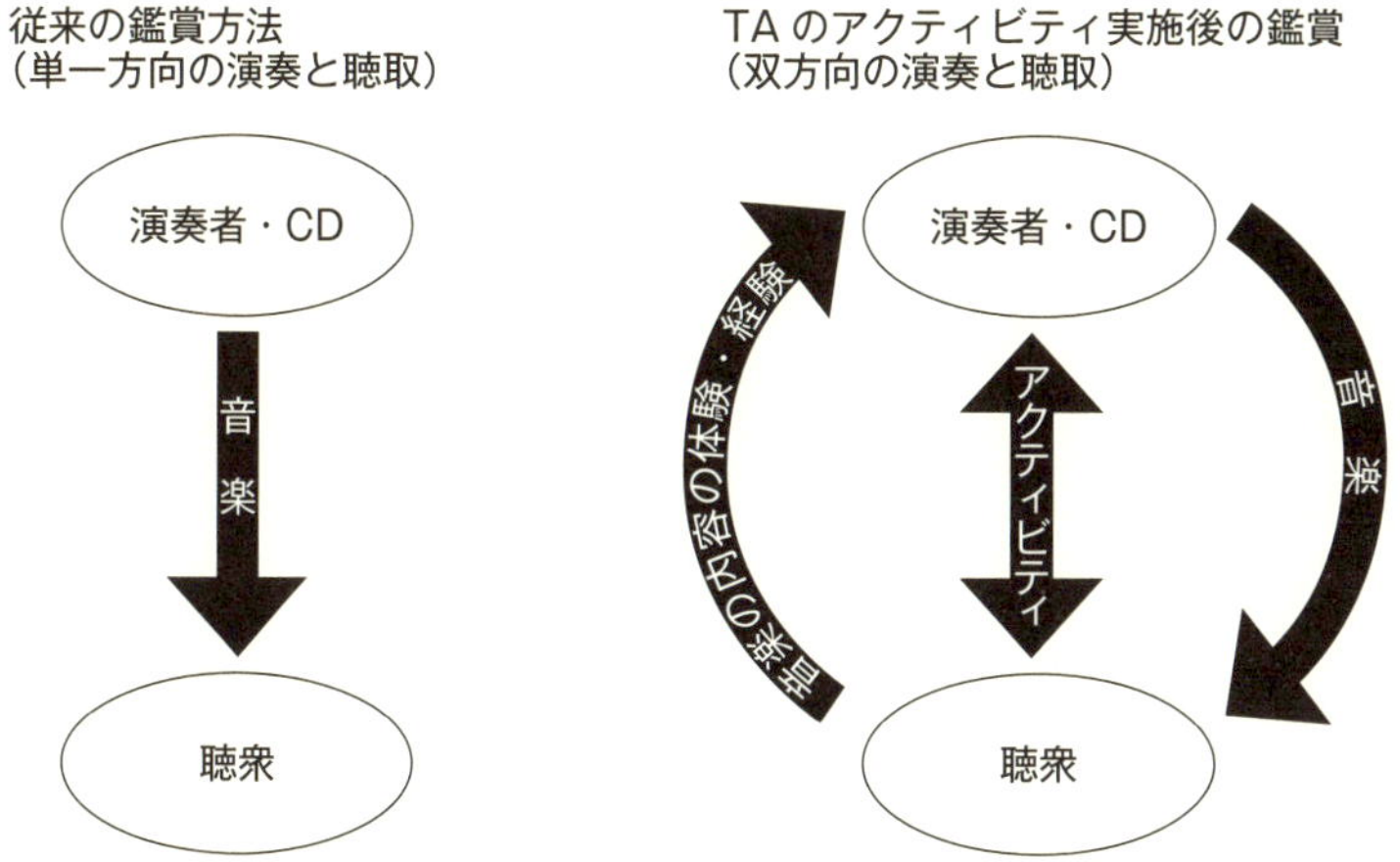

らったりもする。このような活動が「アクティビティ」だ。聴衆と演奏家たちとの相互交流がより活性化されていくと、より「インタラクティブ演奏会」と呼ばれるものに近づいていく。

探索の旅は楽しいものでなくてはならないのだが、ただ面白おかしければいい、というわけではない。事前に綿密な計画を立てておく必要がある。即興を入れることも、前もって計画しておかなくてはならないのだ。そして聴衆に、その場その場で適切な質問――「今の楽器は何でしたか」という正解のある質問ではなく、「演奏がすばらしいと思わせたのは、音楽のどのようなところでしたか?」などの答えがオープンな質問――をして、自分たちが経験したことを反省して、一歩一歩、芸術作品の扉に向かって進んでもらう必要がある。

ブースはこう言う。「芸術のプロセスは速くて内容が詰まっているので、参加者たちには立ち止まってもらってから、芸術家たちがどのようにして創作しているのか、彼らの選択が何に基づいて行われたのかに、注意を向けてもらうようにしなくてはなりません。さもないと、学ぶ目標を見失なってしまうのです。」

でも、いつも足もとだけを見て登山するのは苦痛なので、ときどき頂上を仰ぎ見ることも必要だ。アクティビティの途中で、「では、実際の曲ではどうなっているのか、聴いてみましょう」と言って、クライマックスの部分を前もって聴いてみるのも、効果的かもしれない。ブースが言うように、「プロセスと結果のいずれに焦点を当てるのか、そのバランスをとる」ことが大切なのだ。

第3節　インタラクティブ演奏会を企画してみよう

(1) 市民のための音楽鑑賞講座

各地域には立派なホールがあり、そこには音響映像設備が整った視聴覚室がある。そこでは住民のための音楽鑑賞講座が実施されている。まずはじめに、筆者が東京調布市で実施した60歳以上の方々を対象とした、オペラ鑑賞講座の実施例を紹介しておこう。

鑑賞したのは、ビゼーのオペラ《カルメン》である。講座の時間は2時間で、後半の1時間は大画面でオペラのＤＶＤを鑑賞した。前半は筆者の講義である。通常ならビゼーの生涯、オペラの成立背景、あらすじ、音楽的特徴などについて、説明するのであるが、ＴＡはこれとは違う方法で、これから鑑賞するオペラと聴講者のひとり一

オペラ《カルメン》の重要登場人物の相関図

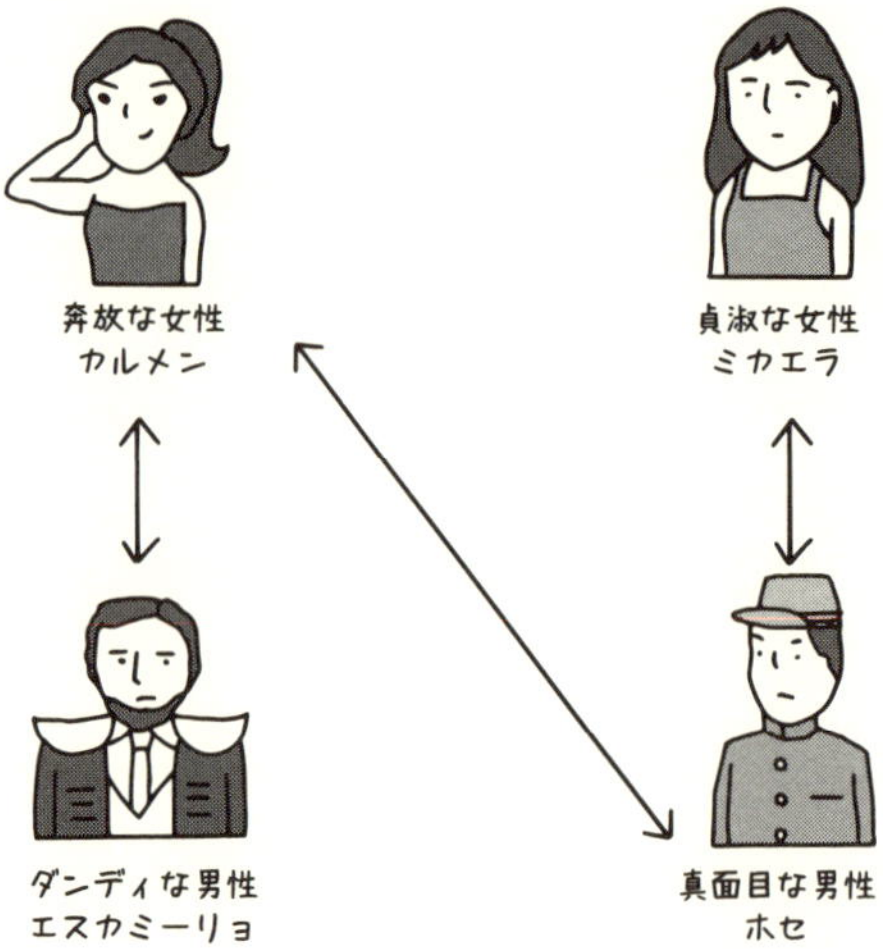

人の「個人的な大切なつながり」を作るのである。

　実際にどのようにエントリーポイントを設定して、どのようにアクティビティを展開するかは、拙著『新しい音楽鑑賞——知識から体験へ』（水曜社、2019年）のなかで詳しく説明してあるので、ここでは概略のみを示しておこう。

　筆者が講義で話をするのは、主要な登場人物4人——、カルメン（タバコ工場の女工）、ホセ（兵隊）、エスカミーリョ（闘牛士）、ミカエラ（ホセの許嫁《いいなずけ》）——のキャラクターを説明して、これら4人の男女が織りなす愛憎劇の説明だけをする。要するに、純粋無垢《むく》なホセが、ミカエラという許嫁がいるのにもかかわらず、自由奔放に生きるカルメンに恋をする。しかしそこに登場し颯爽《さっそう》とした闘牛士エスカミリオにカルメンを奪われてしまうのだ。

参加した60歳以上の方々は豊富な人生経験があることから、これら4人のいずれかになったつもりで、自分ならどうするかを、グループなどで話しあってもらう。たとえば、男性の参加者に対しては、「あなたがホセだったら、どうしますか？　エスカミリオと決闘をして、カルメンを取り戻しますか？」などと質問するのだ。女性の参加者なら、「あなたなら、他の女性と恋して失恋したホセを、許しますか」と質問する。人生経験が豊富なだけにグループでの話しあいは大いに盛り上がる。さらにグループで出た回答を披露してもらうと、共感あり反論ありで、議論もとても活発になる。

こうしたアクティビティを経験したあとに、オペラの後半部分を鑑賞するのだ。鑑賞の前に、どのような結末になるのかは、伝えないのだ。もちろん有名なオペラなので、どのような結末になるのかを知っている人も多いかもしれないのだが。

実際にオペラを鑑賞すると、参加された方は4人の配役の誰かに自分を投影して、そこに展開される音楽と劇に身をゆだねるのである。オペラが幕を閉じたあとの興奮は並大抵のものではなかった。クールダウンをするために、演奏団体やDVDの情報について話をしたことを今でもよく覚えている。そして終了後、聴講されたなかの何人かが、鑑賞の感想をわざわざ私に伝えるために、その場に残ってくださったのである。

（2）0歳児のための演奏会

ふたつめは、0歳児のための演奏会だ。「0歳児のための」といっても、0歳児がひとりで会場に来ることはない。対象となるのは、0歳児を育てている若い母親たちである。筆者は大学院の授業科目として、平成27年度から29年度までの3年間、TA養成を授業科目として実施したが、その際に実習としておこなったのが、この演奏会で、最初の2年間で、3回実施した。場所は西東京市の駅に隣接した公民館であった。会場には乳幼児が這《は》って遊べるようにマットをひいて、母親が子どもを膝にのせて聴いてもらうようにした。

授業でのおもな課題は、どうしたら0歳児に、1時間の演奏会――実際の演奏時間は40分くらい――に参加してもらえるかであった。参加した学生の専門も、ピアノ、ヴァイオリン、打楽器など、さまざまであった。しかし0歳児のための演奏会だからといって、演奏する曲目に子ども向けの曲を選ばないことにした。バッハのプレリュード、フランクのヴァイオリン・ソナタなどの本格的なクラシックの曲を演奏することにした。

たとえば、フランクのヴァイオリン・ソナタ（イ長調）では、第1楽章だけを演奏した。ゆったりとした8分の9拍子の曲なので、ゆっくりとした3拍子で拍子をとる

譜例　C. フランク：ヴァイオリン・ソナタ イ長調 第１楽章の冒頭部分
楽譜に書かれた拍子は８分の９拍子だが、ゆっくりとした３拍子にとれる

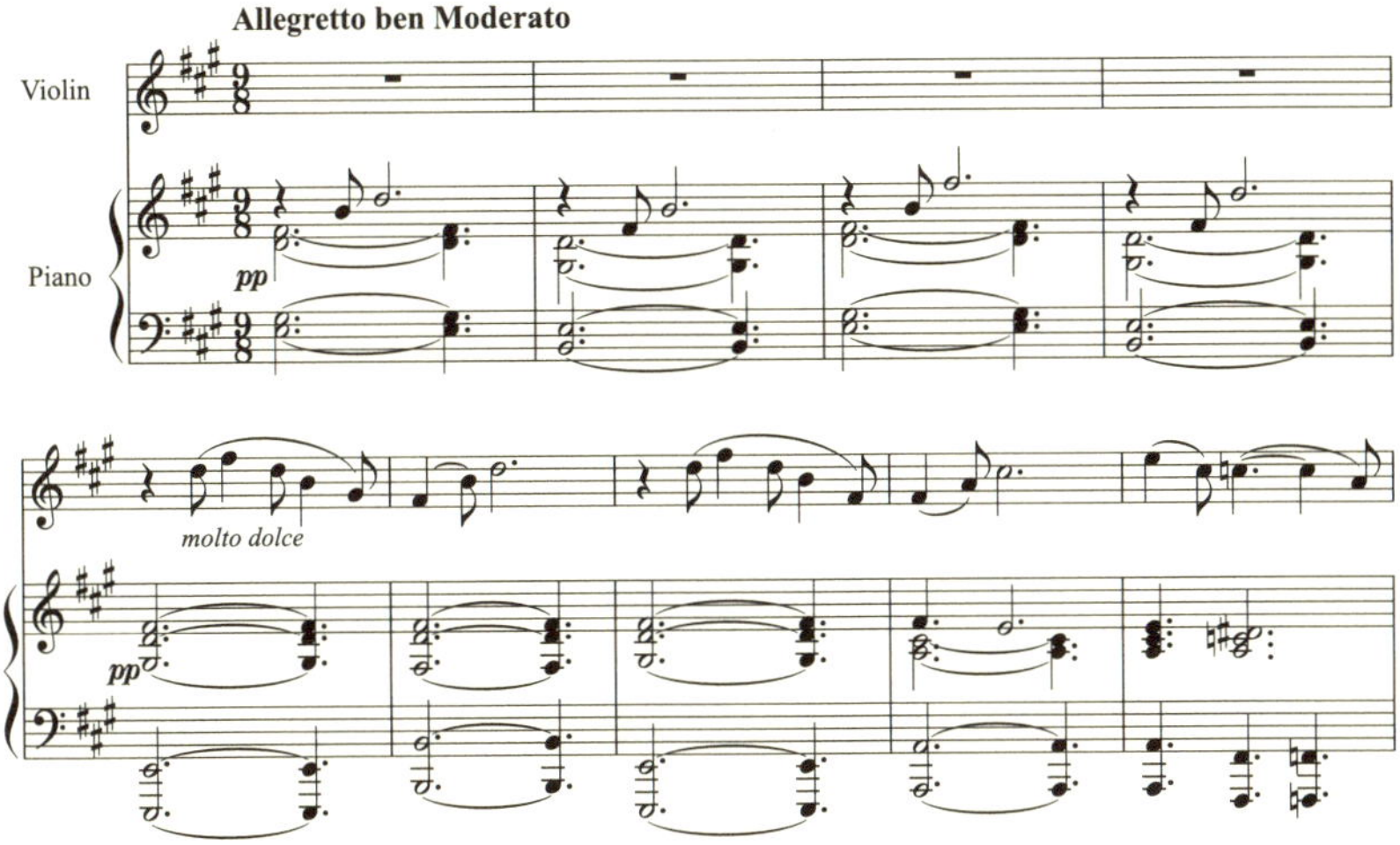

ことができる。最初、ピアノはゆったりと和音を連続させていく。ピアニストは参加した母親たちにこう言った。

「子どもを抱っこして、私の演奏にあわせて、子どもをやさしく揺らしてあげてください。音の響きが微妙に変化していきますので、注意して聴いてください。」

　ピアノはしばらく第1楽章の冒頭部分を演奏して、母親たちの動きと音楽の流れがうまく一致したところで、おもむろに、ヴァイオリンが演奏しはじめるのだ。ゆったりとした和音伴奏と美しいメロディーにあわせて、母親たちは、子どもを抱きながらやさしく揺らす。そして第1楽章は終わる。

　泣き出す子どもはひとりもいなかった。母親たちも美しい音楽を聴き、そ

して子どもの笑顔や寝顔を見て、幸せな時間を楽しんでいるようであった。こうした演奏を終えたあとに、この曲がフランスの作曲家フランクのヴァイオリン・ソナタ第1楽章であることを伝えるのである。

(3) 日赤血液センターでの演奏会

最後に筆者が指導した大学院生たちによる、東京・有楽町にある日赤血液センターでの演奏会を紹介しよう。4年ほど前にはじめて依頼され、現在も続いている。この血液センターは献血者がとても多く、一日の来場者数も多い。献血には「全血献血」と「成分献血」の2種類あって、前者は10~15分程度で終わるが、後者は採血量に応じて40~90分程度の時間が必要となり、採血されるいる間は、ベッドに横たわっていなくてはならない。通常はパソコン画面があり、ＹｏｕＴｕｂｅなどの映像を楽しむことができるが、センターからの採血中の人に演奏を提供してもらえないかという依頼ではじめたものである。

依頼を受けたとき、どのような曲を演奏したらよいのか、どのようなアクティビティをしたらよいのか、大学院生と話しあいをした。時期が12月だったので、クリスマスの曲をメインにして、短い曲を数曲演奏することにした。演奏する場所は、ベッドが並ぶ大きなフロアのラウンジで、座って聴ける人数は30名程度で、また通りすがりに聴く人も多く、じっくりと演奏を聴いてもらえるという環境でもない。さらに最初に演奏してみて困ったことは、聴いている人は必ずしも演奏している人を見ていない、あるいは見える方向に演奏者が位置しないのである。そのため、学生たちからは「自分たちのほうを向いていない人たちを前にして演奏するのは、とてもつらい」という意見が出た。そこで2回めの演奏では、演奏する場所を変更して、フロアの一番隅になってしまったが、聴いている人たちの視線が集まるような場所を設定したのである。

またエントリーポイントはごく簡単なものにとどめ、楽器の紹介や歌詞の内容を説明するだけにした。このように会場や人がどのような状況で聴いているのかによって、自分たちの予定していたやり方を臨機応変に変えていけるかどうかも、TAの重要な資質なのである。

第4節 音楽教育との関係について

(1) 学校の鑑賞教育

学校の音楽科教員の方々にもTAとしての活動の余地がある。特に音楽鑑賞では、ぜひとも作曲者の生涯や作品成立の背景を説明するのではなく、児童・生徒ひとり一人にとって、音楽鑑賞による経験が意味あるものになるようにしてもらいたいものである。ましてや、ソナタ形式の実際の使用例として、作品を聴くなどという本末転倒の授業は避けたいものである。

ここでは、次のような疑問について、お答えしておくだけにしよう。「どうして、音楽科教員や筆者のような音楽研究者が演奏をしないのに、TAの仕事をしていると、いえるのであろうか。」確かにTAは教育的スキルを活用できるアーティストであり、自らの演奏を聴衆に届ける仕事ではあるが、児童・生徒の鑑賞指導が人と音楽をつなげるということを目的にしているとすれば、教師も立派なTAといえるであろう。

実はこの点が、学校教育における音楽鑑賞が果たす役割として重要なのである。拙著『新しい音楽鑑賞――知識から体験へ――』の第6章「学校教育におけるこれからの音楽鑑賞」では、現行の学習指導要領（中学校と高等学校）における「B鑑賞」の記載内容を「批判的に」検証した。筆者が指摘した問題点として、もっとも強調したのが、学習指導要領では、児童・生徒たちの精神的な発達度合いがあまり考慮されていない点である。中学校1年生と高等学校3年生とでは、肉体的ばかりか精神的な発達度合いにも雲泥の差がある。しかし鑑賞指導に記載された内容には、こうした発達の度合いが考慮されておらず、「音楽のよさや美しさを味わって聴く」というようなフレーズやそのパラフレイズだけが何度も繰り返されるばかりである。

TAのスキルを活用すれば、聴く人にとって「個人的な大切なつながり」を発見することができることから、音楽はその人の精神的な発達の度合いに応じて、聴かれるはずである。このような意見に対して、学校教育であるからすべての児童・生徒に同じ内容を教えて、「音楽のよさや美しさを味わって聴く」ことができなくてはならないのではないか、人それぞれが好き勝手に聴いていいというのではあれば、音楽の授業で音楽鑑賞する必要はないのではないだろうかという声が、聞こえてきそうである。

しかしそもそも多くの人が同じ音楽を同じように聴くことは、不可能である。音楽経験も違うだろうし、同じ音楽を同じように聴いているかどうかを、確かめる方法もないからである。だからこそ、中学校や高等学校の学習指導要領では、音楽を聴いたときの気持ちを「言葉で説明したり」、「批評したりする活動を取り入れ、曲や演奏に対する評価やその根拠を明らかに」することが求められるのであろう。言葉、つまり文章で表現することで客観化しようとするのだ。

でも、ひとり一人がどのように音楽を聴いたのかを判断したり、優劣をつけたりすることは難しい。たとえば、ある生徒が音楽を心から深く感じ取ることができたとしても、もし文章で表現する力が十分でなかったら、その生徒は音楽をきちんと聴いていないことになってしまうのだろうか。

(2) 芸術の超・教育学とは

パブロ・エルゲラは、聴衆参加型の創造的美術を「ソーシャリー・エンゲイジド・アート」と呼び、伝統的な美術教育からの超越性を強調した。[注8] そして「教育プロセスと作品制作をブレンドし、伝統的な美術学校や正式な芸術教育とは明らかに異なる体験を提供している」活動を称して、「超・教育学(Transpedagogy)」なる言葉を用いた。そしてこう説明を続けた。

注8 パブロ・エルゲラ『ソーシャリー・エンゲイジド・アート入門 アートが社会と深く関わるための10のポイント』(アート&ソサイエティ研究センターSEA研究会・訳、フィルムアート社、2015年)を参照。

芸術教育の分野では、伝統的に、芸術の解釈や作品制作の技術を教えることに重点を置いているのに対し、超教育学では、教育的プロセスがアートワークの中心になり、それは、学術的、制度的枠組みの外側に、独自の自律的な環境をつくりだす。（155頁）

上の言葉を音楽と関連づけて、わかりやすく言い換えるとどうなるだろうか。

音楽教育の分野では、伝統的に、音楽作品の解釈や作品の創作・演奏の技術を教えることに重点を置いているのに対し、超教育学では、教育的プロセスが音楽の創作・演奏活動の中心になり、それは、学術的、制度的枠組みの外側に、独自の自律的な環境をつくりだす。

「学術的、制度的枠組み」とは、伝統的な演奏会のスタイルであり、また学校での鑑賞教育では、学習指導要領を金科玉条にした音楽科教育学の枠組みから解放された世界を生み出しているのである。アートワークと教育学の相互乗り入れによって、アートは聴衆に新しい経験をもたらし、他方、教育学はそのテリトリーを拡大したわけである。

エリック・ブースが「音楽教育」という言葉が「くどい表現」だと言ったときにも、同じことを考えていた。彼はこう語っていた。注9

音楽体験を「世界が今どうあるのか、あるいはどうなろうとしているのか、それを感じる感性を広げてくれる力」と定義しましたが、この定義と学習の定義とがとてもよく似ているのです。音楽と学習の主たる活動は、自分自身と新しいことがらとの間に、自分なりに大切な関係を築くことであると言えるでしょう。「音楽教育」という表現はどうもくどい表現です。音楽と教育は人間の同じ基本的な活動を意味するからです。TAの仕事というのは、人を体験に誘い自らで体験してもらうことです。音楽的で実効性がある方法で、人々に参加を促し、成功をもたらすのです。楽しく、そして人を変えてしまうものなのです。（14頁）

美術と音楽、そして美術教育と音楽教育は双方向的なアートワークの傘の下で、手を結ぶことになったといえる。エルゲラが伝統的な教育学に欠けている点を3つ指摘したとき、それはまさに、美術と音楽が社会を変革する大きな力となったことを宣言していたのだ。エルゲラの言葉を最後に引用しておこう。

1　教育行為は、創造的なパフォーマティビティ（ここではパフォーマンス的クオリティ

注9　エリック・ブース『ティーチング・アーティスト…』、14頁。本書の引用では、「芸術」という言葉を「音楽」に置き換えてある。

世界の理解へ向かう芸術教育のプロセス

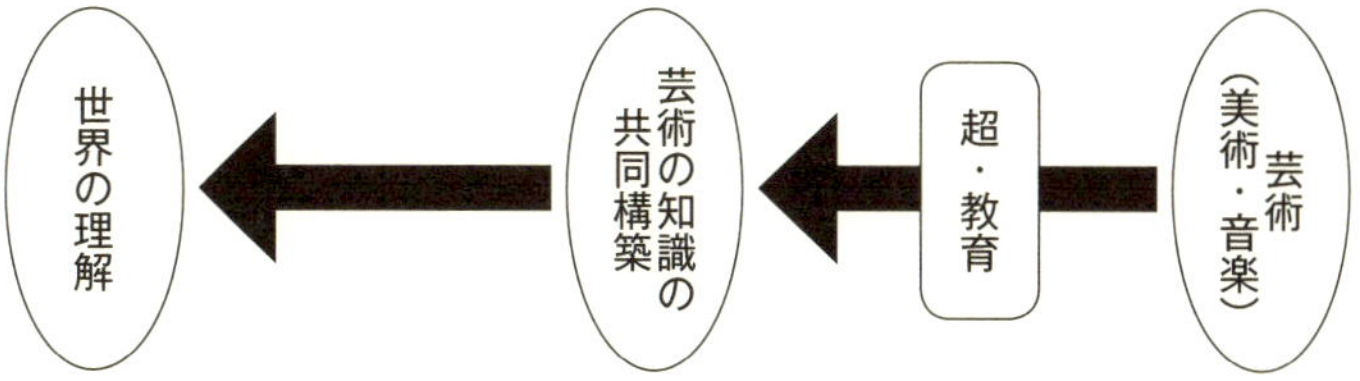

の意）をもつこと。

2　アートワークとアイディアにおいて芸術的環境を共同で構築することは、知識の共同構築でもあること。

3　芸術の知識は、芸術作品を知ることで終わるのではなく、世界を理解するための道具になること。（159頁）

芸術教育を超えた教育学、音楽教育を超えた音楽教育学とは、演奏家と聴衆がインタラクティブな環境を共同で構築することであり、体験を通して得られた知識は音楽作品を超えて、世界を知るための道具となる。世界の理解とは何を理解することなのだろうか。たとえば、オペラ《カルメン》で4人の登場人物が教えてくれた、人間の愛と憎しみが交錯する感情の世界であり、人間の本質への理解なのではないだろうか。それはすべてのジャンルの芸術作品がテーマとしている人間世界であるといえる。

第6章

社会で必要とされる音楽や音楽家とは？

第1節　社会やコミュニティへの視点

(1) 地域への視点の必要性

現代社会では、政治や社会のみならず、インターネットの環境など、私たちの生活に影響する、すべてのものの変化が激しく、5年前には今の生活が予想できなかったように、5年後の生活を想像するのも難しく、今日の我々は将来に対しての不安を抱いている。

このような不安は、将来に向けての、つまり時間軸の方向への不安といえるだろう。そしてこの不安を補うのが、地域での安心した生活、つまり空間軸の方向への安定といえるであろう。たとえば、被災された方々が仮設住宅での生活を余儀なくされた場合にも、地域でのつながりを保つことが大切になることはよく知られている。将

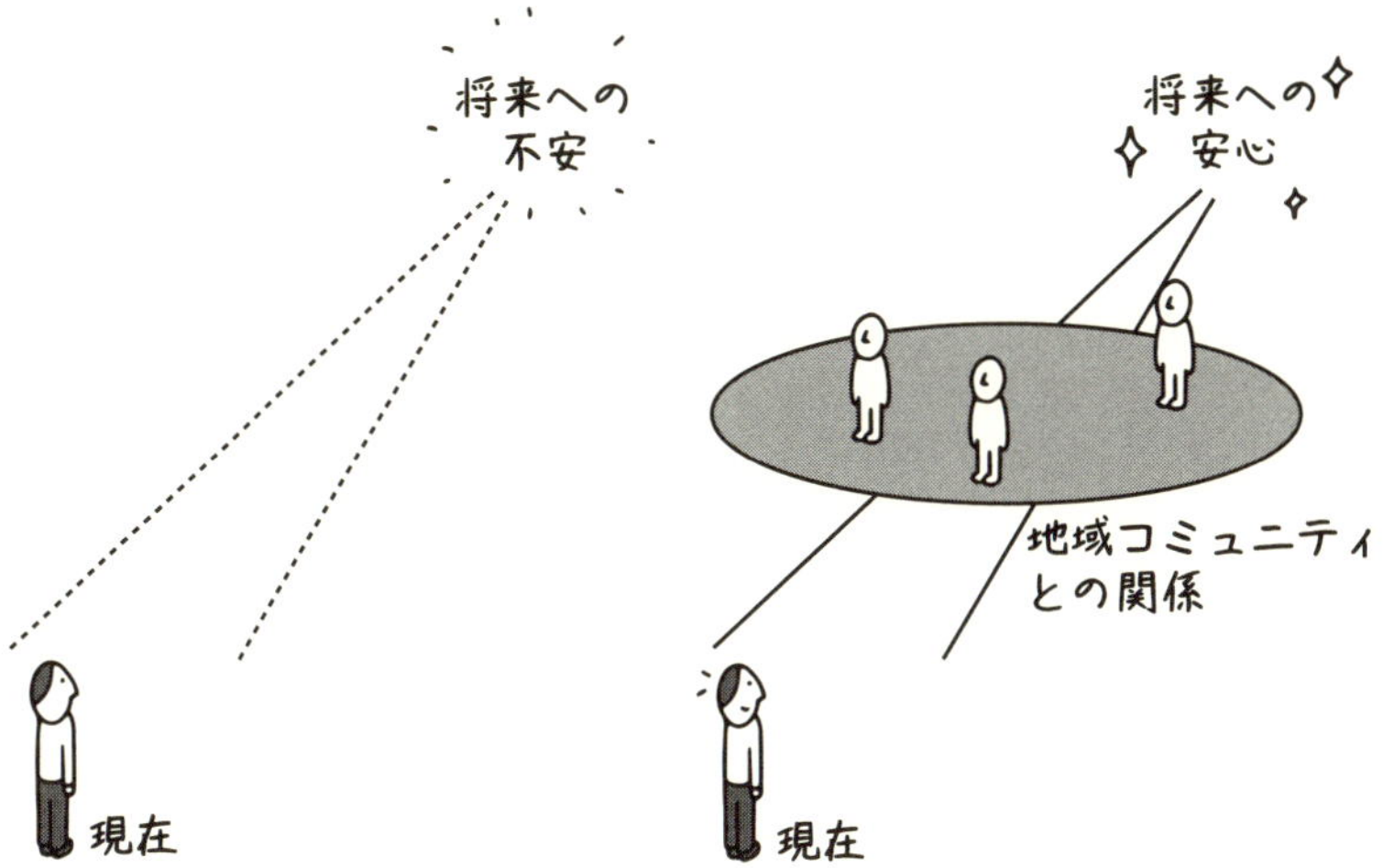

来への見通しが立たない生活のなかであっても、地域住民とのつながりが、将来に向けての希望につながると考えられる。

また個人のキャリア形成に目を向けてみると、将来の自分のための生涯学習という時間軸の方向への成長を補うものとして、地域コミュニティ——学校、公民館、文化センターなど——において展開されるグループ学習で実践されるさまざまな活動であるといえるだろう。またそこに幼い子どもたちから高齢者まで、多様な世代の人たちが集うことで、それぞれの人が自分の時間軸の成長への意識を高めることができる。つまり、将来のキャリア形成と地域との関わりが相互に作用しているとわけである。

（2）点から線へ、線から面への活動

前章では、TAがどのように音楽と聴者とをむすびつけるのか、「個人的に大切なつながり」、「エントリーポイント」、「アクティビティ」という3つの視点から説明した。そこでは、ひとり一人にとっての音楽が大切であったが、ひとり一人が集まることで、学校の音楽教室の児童・生徒たちになり、公民館でのホールの地域住民になり、さらに大きなコンサートホールの聴衆にもなる。さらに、たとえば地域の文化センターなどでおこなわれる音楽会などの場合、1回に参加できるのは少人数のグループであっても、それが何度も継続しておこなわれると、地域全体にTAによって音楽の世界に導かれた人たちは広がり見せる。第1章で紹介した、全世界で展開されているエル・システマのように、国や州（県）レベルでの広がりをもつようになる。

TAやインタラクティブ演奏会に関心をもった人たち、さらに地域でさまざまな人たちを対象にした音楽活動に携わっておられる方々が大切にしていることは、ひとつは音楽を通しての個人の成長であろう。音楽によるキャリア発達といってもいいかもしれない。そして同時に、聴衆や参加者の生涯学習の援助者となっている音楽家も、さまざまな活動を通して、自身のキャリア発達を促進している。演奏者のキャリア発達の「栄養」になっているのが、聴者や参加者からのフィードバックである。感謝や

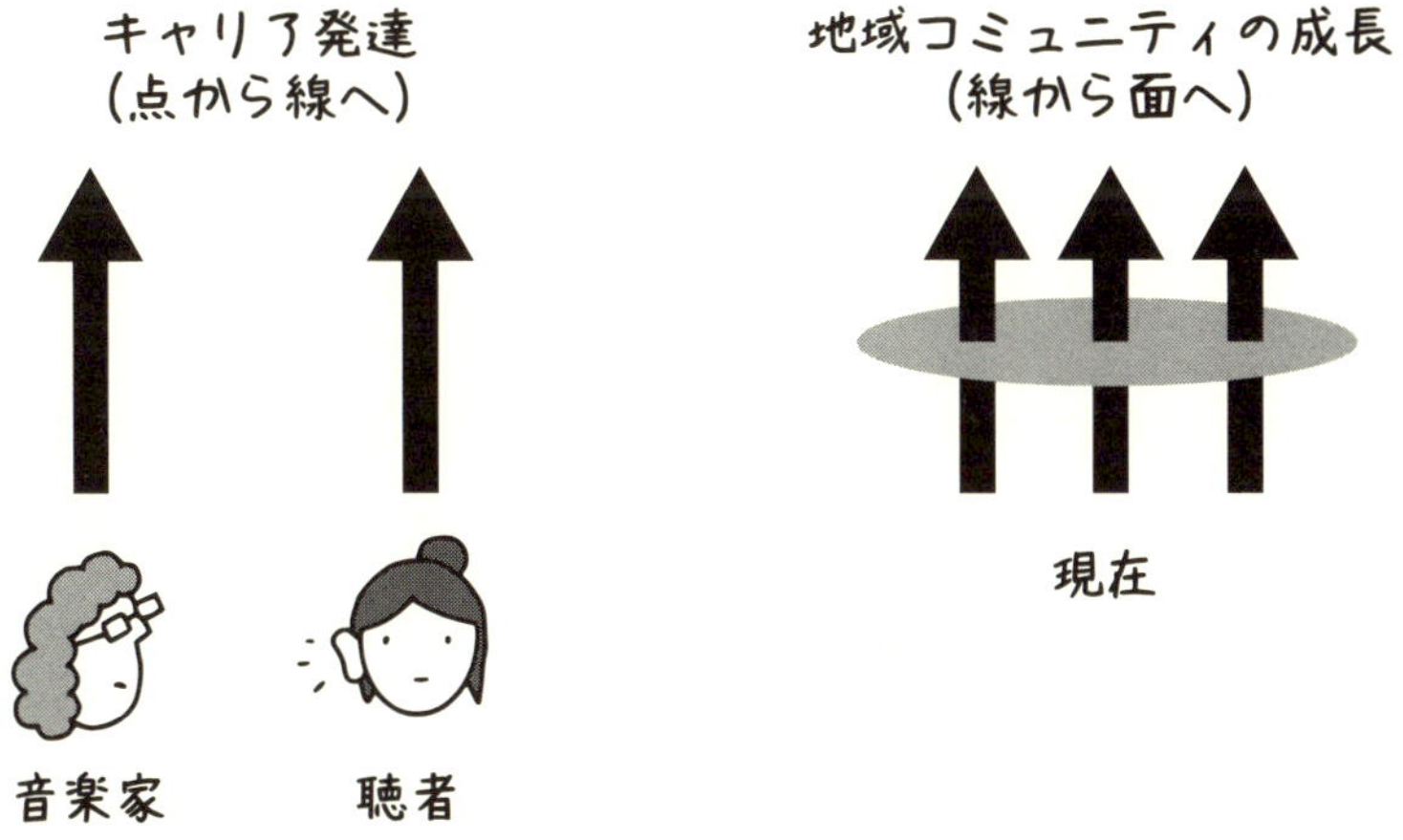

励ましの言葉、ときには痛烈な批判などが、演奏家としてのキャリアの成長には欠かせない。「音楽の力」の作用・反作用を思い出してほしい。これが点から線への成長である。

そしてもうひとつ大切な目的が、線から面への成長である。点から線では、音楽家は「人と芸術をつなぐ」ことを目的としていたが、線と線がつながることで、「芸術と地域コミュニティをつなぐ」に向かうのである。言葉を換えれば、人と人とが芸術によってつながる、そうすることで、人と人の関係からなる社会も芸術という接着剤によって、より強固にむすびつきあうようになるのだ。

点から線、線から面へというふたつの成長は相互に、かつ連続的に関連しており、明確に分けることはできない。それらは同時的に進行するので、どちらを中心とするか、あるいはどちらにウエイトを置くかによって、音楽家の活動の仕方は異なり、仕事の見え方も異なってくる。大切なことは、TAの仕事――「人と芸術をつなぐ」と「地域コミュニティと芸術をつなぐ」――は、コンサート会場には限定されないということである。

もうひとつ大切なことがある。「人と芸術をつなぐ」と「地域コミュニティと芸術をつなぐ」というふたつの仕事は、演奏家だけにしかできない仕事ではないということだ。音楽のどんな専門分野でも可能である。ピアニスト、声楽家、作曲家など、それぞれの立場で、地域活動を展開することができる。筆者のような音楽研究者であっても、可能である。

ただし誰でもできるかというとそうではない。他の人が見つけてきたエントリーポイントやアクティビティを借りてきて、たとえば、演奏会のプレトークをするべきではないであろう。第1節で述べたが、自分自身が関心をもてるエントリーポイントでないといけないし、自分自身が面白いと思えるアクティビティでないと、TA活動はうまくいかないのである。なぜなら、TA活動では「TAの80%」が見えてしまうからである。つまり、借り物で取り繕ったのでは、その人が音楽の素人であることがわかってしまうのである。

第2節 アメリカの音楽社会人教育

(1) カーティス音楽院の「アーティスト・シティズン・カリキュラム Artist citizen curriculum」

ここで紹介するのは、アメリカのカーティス音楽院のカリキュラムとその社会的実践の例である。筆者は2018年10月に、アメリカ・フィラデルフィア[注1]にあるカーティス音楽院[注2]を訪問した。

カーティス音楽院の教育課程を構成しているのは、4つのコース（演奏、音楽学、一般教養、キャリア教育）と、アーティスト・シティズン教育と全学プロジェクトである。

最初の4つの課程は日本の音楽大学でも共通に開設されている科目群である。カー

注1　フィラデルフィアはペンシルベニア州にある、人口約150万人の、アメリカでは5番めに大きな都市である。歴史的にはアメリカ独立宣言が起草された場所で、当時はアメリカ最大の都市で、独立後10年ほど、アメリカの首都であった時期もある。

注2　カーティス音楽院は、ニューヨークにあるジュリアード音楽院とともに、アメリカでもっとも優秀な学生が集まる学校として有名である。1924年、メアリ・ルイーズ・カーティス・ボックによって設立された。1学年の学生数は40名程度で、学費は奨学金が支給され無料である。卒業生には、レナード・バーンスタインやピーター・ゼルキン、近年ではラン・ランなどがいる。

カーティス音楽院の教育課程の構造図

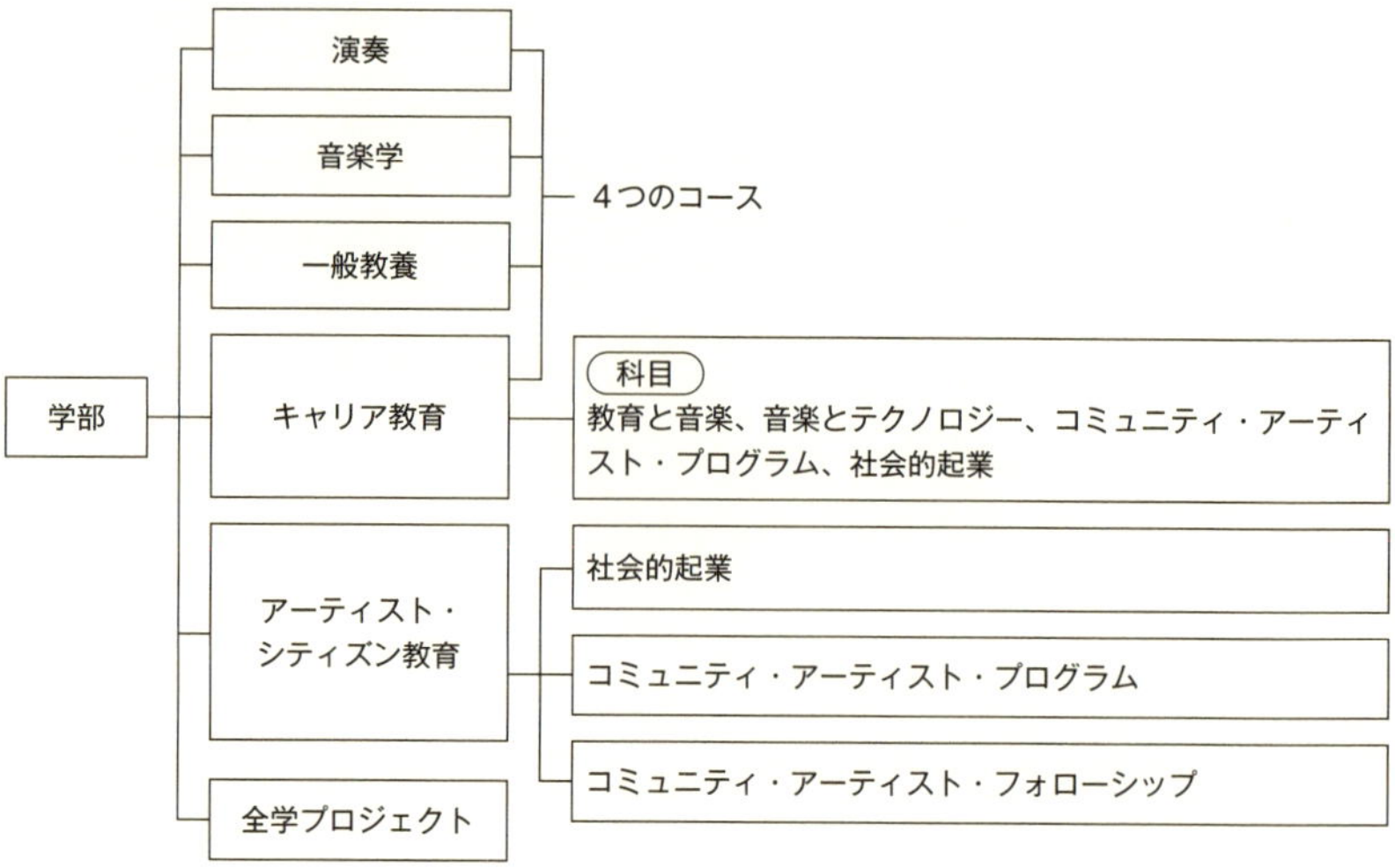

出典：カーティス音楽院 公式ウェブサイトより　筆者作成

ティスのキャリア教育の課程には、「教育と音楽」、「音楽とテクノロジー」の2科目が開設されている。そしてこのキャリア教育に開設されている残りふたつの科目――「コミュニティ・アーティスト・プログラム」、「社会的起業」――とコミュニティ・アーティスト・フォローシップが統合されて、「音楽社会人教育」という教育課程が構成されている。

同じ科目がふたつの教育課程に開設されているが、これはカリキュラムが3層構造的に構想されているからであろう。つまり、基礎科目として「教育と音楽」、「音楽とテクノロジー」を学び、そして専門科目として「社会的起業」と「コミュニティ・アーティスト・プログラム」を学ぶ。そしてこれら科目を終了した卒業生のための継続教育として[注3]、「コミュニティ・アーティスト・フォローシップ」が位置づけられているからであろう。

(2)「社会的起業」とは

「社会的起業」そして起業によって誕生した「社会的企業」とは、どのような役割を担っているかというと、一般的に3つの要素を備えていなくてはならない。第1に、「社会的」であるということ。具体的には、そのビジネス活動が社会の問題や課題——たとえば、貧困、障害者支援、高齢者福祉、町おこし、そして生演奏を聴く機会を提供するなど——の解決を目的としていること。第2に、新たな「起業」であること。つまり、ビジネスモデルや方法が革新的でなくてはならない。既存の方法ではなく、新しい方法で、社会的な課題を解決することが求められる。そして第3に、利益を追求すること。これは営利目的ではなく、事業そのものを継続していくためには、利益を得られる事業でなくてはならないということだ。

日本では阪神淡路大震災(1995年)を機に、1998年に「特定非営利活動促進法」、通称「NPO法」が制定されて、NPO法人が社会的活動をする環境が整えられた。さらに斎藤槙氏の『社会起業家——社会責任ビジネスの新しい潮流』(岩波

注3　継続教育とは、学校を卒業したり、免許・資格を取得したりしたのちに、さらに当該の教育を継続して受けること。知識の更新や技能のレベル維持のために必要とされる。

新書、2004年）が出版され、アメリカを中心とした国々でのソーシャルビジネスが紹介された。さらに2010年頃から経済産業省が「ソーシャルビジネス推進イニシアティブ」などで、「ソーシャルビジネス」を行政的にも推進していた。

カーティス音楽院で開設されている「社会的起業」の授業科目案内を、以下に紹介しておこう。[注4]

社会的起業とは社会の課題を解決するために、革新的な解決法を探求するプロセスです。つまり、社会的起業家は社会的な価値を創造し持続可能にするというミッションを掲げます。カーティス音楽院の新しい科目ある「社会的起業」は半期の科目の課題解決型科目で、学生は社会的な課題解決のプロジェクトに参加します。学生の個人的そして音楽的関心に従って、彼らの音楽能力を活用できる奉仕活動の機会を提供する。また授業では、ゲストスピーカーシリーズに登壇する音楽家のキャリアに触れ、また自身のポルトフォリオをオンライン上に開設します。さらに授業終了後にも仕事が継続できるように、助成金を獲得するために申請書を書いたりもします。

カーティス音楽院の学生――卒業生でフェローとして採用されたコミュニティ・ミュージシャン――がどのような社会的課題を発見して、どのようにして音楽で解決したのかについては、次のパラグラムで紹介するが、ここでもっとも大切なことは、

注4　カーティス音楽院公式ウェブサイトより。筆者翻訳。

特に卒業生にとって深刻な問題となるのは、授業で問題解決に取り組んだソーシャルビジネスが、「ビジネス」として持続可能かどうかである。簡単にいえば、それなりの収入が得られて、事業が継続していけるかどうかである。残念ながら現実には、この事業を継続するために、別に安定した収入源を確保しているというのが実情である。それでも、お金には代えられない「何か」を得ている、あるいは得られているという実感があって、その仕事を続けているのである。

第3節
「コミュニティ・アーティスト・プロジェクト」

(1)「コミュニティ・アーティスト・プロジェクト」

「コミュニティ・アーティスト・プロジェクト」は、カーティス音楽院が積極的に取り組んでいる、若い音楽家の人材育成事業であり、同時に社会貢献である。プロジェクト代表のマリー・ジャヴィアン氏（彼女はコントラバス奏者で、音楽院で教鞭をとり、地元のフィラデルフィア交響楽団の一員でもある）は、このプロジェクトの目的を次のように説明している。[注5]

カーティス音楽院が実施する「コミュニティ・アーツ・プロジェクト」の目的は、芸術性と独創性、リーダーシップと呼びかけ（アドヴォカシー）、市民と社会をつなげ

注5　カーティス音楽院公式ウェブサイトより。筆者翻訳。

る、ユニークな演奏企画を構想して、実現するための機会を学生たちに提供し、クラシック音楽の次世代のリーダーを支援することである。プログラムではさらに、参加するカーティスの学生とこのプログラムの修了生から選抜された人に対して、ティーチング・アーティスト、インタラクティブ演奏会、起業に関する教育を提供している。

このプログラムに参加するに際して、学生は教員に申請書を提出しなくてはならない。申請書で大切なことは、「2．あなたのプロジェクトの目標」と「3．貢献」であろう。貢献は、英語では「インパクト」である。どのような影響を与えるかである。そして自分自身の成長やこれからの生活に、どう役に立つのかも、重要なインパクトであることを、忘れてはならない。「お金に代えられない何か」の源泉は、ここにあるのではないだろうか。

大学の授業科目なので、社会的起業の革新性や収益性の重要度はまだまだ低いが、卒業して実際にビジネスとして展開していく際には、より重要なファクターになってくるのは、いうまでもないであろう。

（2）「コミュニティ・アーティスト・フォローシップ」

「コミュニティ・アーティスト・フォローシップ」は授業科目というよりは、制度である。上記の科目を履修した学生から意欲が高くまた優秀な学生や卒業生（フェロー）が選抜され、音楽院が活動を支援するために奨学金を給付するという制度である。彼らが活動している場所は、大学が連携している公立の学校、病院、刑務所、リハビリセンターである。

２０１８年から１９年までの「コミュニティ・アーテイスト・フェロー」に採用されたのは、３人である。そのうち2人は卒業したばかりの作曲とヴァイオリンの卒業生、もうひとりは3年前に卒業してイーストマン音楽院で修士号を取得したトランペットの卒業生である。ここでは、簡単に彼らの活動を紹介しておこう。彼らの活動やメッセージは公式ウェブサイト（You Tube）から配信されているので、ご覧いただきたい。

https://www.curtis.edu/academics/artist-citizen-curriculum/meet-our-fellows/

a．ニック・ディベラルディーノ（作曲）

彼はガーナのアシャンティ族に古くから伝わる民話をもとに、子ども用オペラ《アナンシと偉大なる光》を作曲して上演するというプロジェクトを展開している。カーティス音楽院の学生の他、ジラード大学とウィリアム・クランプ小学校（フィラデルフィア市北部）の協力を得ている。作品は2019年3月に、カーティス音楽院のファミリーコンサートとジラード大学で初演された。

また彼はペンシルベニアにあるアルツハイマー患者の治療をしている「ペン・メモリー・センター」と共同して、定期的にコンサートやワークショップを実施している。またセンターの医師と協力して、患者が創作した詩に作曲して、こうした創作活動が患者たちの生活や気持ちにどのような影響を与えるのかという研究に協力している。

http://www.nickdiberardino.com/events

b. スーラ・リー

彼女は韓国系アメリカ人で、前述したクランプ小学校で、スズキ・メソッドによるヴァイオリン教室を開設している。プロジェクトは2年先輩のシャノン・リーから引き継いだものである。2018年10月に訪問した際には、小学校で定期的に開催されているコミュニティ会議に参加させてもらった。学校関係者のみならず、保護者、近隣住民が参加する会議で、子どもたちの学校生活の質の向上に向けて、熱い議論がおこなわれていた。ちなみに、この地域には中南米からの移住者が多く住んでおり、都市再開発計画（「カリブ開発」）がこの日の話題の中心だった。

c．ノゾミ・イマムラ

彼は日本人で、小学生の頃からアメリカに在住しているという。日本語も英語も堪能なバイリンガルである。彼はフィラデルフィア南高等学校で、管楽器の演奏指導をしている。訪問した際には午前中ずっと彼の仕事ぶりを見学することができた。楽器も学校が準備していて、授業中であっても音楽室でレッスンを受けることが認められている。レッスンのためだけに学校に来るという生徒もいるという。専門とするトラペットだけでなく、あらゆる管楽器を指導している。

この高等学校の周辺にはイタリア系アメリカ人が多数住んでいて、すべての生徒の家庭が経済的にきわめて貧しいという。高校の卒業率は50％程度で、発砲事件が起きた10年ほど前には20％程度であったという。その頃は音楽の授業もなかったらしい。しかしカーティス音楽院の協力を得て、音楽の授業を導入して、学校は安定を取り戻したのである。

イマムラ氏はまた、フィラデルフィア市北部にあるノニックマン学習センターで実施されている「ホーム・プロジェクト」に参加して、作曲を高校生たちに教えている。この学習センターも訪問したが、周辺は白人以外の人たちの居住区で、経済的に貧しい地域であることは一目瞭然だった。このプロジェクトでは、ホームレスの人たちに住居のみならず、音楽を提供して、貧困生活からの脱出を支援している。訪問した際には、同じカーティス音楽院を卒業した作曲家が、黒人の高校生たちのヒップホップを録音して、CDを制作するというプロジェクトに参加させてもらった。すでにCDは完成しているといい、そのなかの一部を披露してもらった。筆者などは本物のヒップホップを聴いて、彼らのリズム感のすばらしさに感動した。こうした活動を通して高校生たちは積極的になり、社会参加の意欲も高まったという。

第4節 現代的課題に向きあう

(1) 現代的課題とは

21世紀になってからの20年を振り返ってみると、世界的な規模で影響を与えた出来事がいくつもある。たとえば、そのひとつが２００１年９月11日に起こった「アメリカ同時多発テロ事件」だ。この事件は、アメリカをテロとのグローバルな戦いへと向かわせ、そのあとのアルカイダを撲滅するためのアフガニスタン紛争やフセイン政権を打倒するためのイラク戦争につながっていったことはよく知られている。さらに、こうした政策を実行したブッシュ政権の姿勢はやがてオバマ政権を準備し、オバマ政権では対話による外交政策を展開したが、それによって「ＩＳ（イスラム国家）」の台頭やシリア内戦を誘発し、トランプ政権の誕生を導いたことは、紛れもない事実だろう。[注6]

シリア内戦では多くの難民を生じ、これらの難民がヨーロッパに避難したことから、ＥＵでは排外的な極右政党が支持を獲得し、ＥＵの存在そのものが揺らいでいる。特にイギリスでは難民ではなく、東欧諸国からの移住者が問題となり、人や物の自由な移動を促進するＥＵからの離脱を決めたりした。どのような形で離脱するのかは、２０１９年３月の時点では、不明なままである。[注7]

一方で、グローバル経済が発展することで、世界中の富が一部の人たちに集中するという、「経済格差」が世界的に問題になっている。日本も例外ではなく、非正規雇用による労働の不安定や親たちの低収入による子どもたちの貧困が社会問題になっている。また待機児童問題に象徴されるように、若い世代の人たちが働く環境も決して整備されているわけではない。また新自由主義的な経済やその考え方が浸透した教育

注6　アメリカは二大政党の間で政権が交代する。独裁国家を武力でもって倒すこともいとわず、アメリカの民主主義や資本主義の拡大を図った共和党のブッシュ政権に対して、民主党のオバマ政権では平和的外交を好み、地球温暖化問題や国民皆保険制度（オバマケア）にも積極的に取り組んだ。これに対して共和党のトランプ政権ではことごとくオバマ政権の成果を否定し、さらにグローバル経済の恩恵を受けられない白人たちの不満を背景に、排外主義的な政策を展開している。

注7　ブレグジット問題は、２０１９年７月23日に次期首相に、ＥＵ離脱強硬派のボリス・ジョンソンが就任することが決まったことで、いっそう混迷を深めている。

によって、こうした格差が是正されるどころか、拡大し、固定化される傾向にある。[注8]

ここでは、アメリカに端を発する世界的な問題と、グローバル経済の発展による経済格差について、簡単に説明したが、こうした経済の格差が国レベルではなく、もっと小さな区市町村、さらには地域コミュニティにおいても深刻化している場合もあるだろう。きっと、読者の皆さんが住んでいる地域にも、なんらかの社会的な問題や課題があると思う。

(2) カーネギー財団プロジェクト「ララバイ・プロジェクト」

2019年2月に、筆者はジュリアード音楽院のトマス・カバニス氏を訪問した。訪問の目的は、ジュリアード音楽院でおこなわれているTA関連の授業科目と、TAとして活躍するカバニス氏の活動を見学させてもらうことであった。

ジュリアードの授業科目については、第9章で紹介したいと思う。ここでは、ニューヨークにあるカーネギー財団で実施されいる教育プログラムを紹介しておこう。[注9] 教育プログラムは、4つの分野——ヤング・ミュージシャン対象、指導者対象、社会貢献、アンサンブル・コネクト——に分かれている。

筆者が参加したのは、指導者を対象にした分野のワークショップであった。小学生をオーケストラとの活動に参加させるためのプログラムを実施する指導者のためワー

注8　新自由主義は政府の関与を少なくして、市場の自由競争にゆだねることで、消費者の利益につながると考える。教育現場では、大学の設置認可を緩くして事後評価にゆだねる——学生の来ない大学は倒産して当然である——、校区を排して学校間で児童・生徒の募集を自由競争にする——学校は児童・生徒集めのための教育を優先してしまう——、児童・生徒の自主的な学びを尊重する——家庭の学習環境の相違を考えずに、調べもの学習を推進する——などがここ20年近くおこなわれており、いい面もあるが、教育格差が固定されてしまって、それが子どもたちの希望格差を生むなど、さまざまな弊害も指摘されている。

注9　カーネギー財団は社会貢献活動として、「ララバイ・プロジェクト」の他、「音楽の輪 Musical connections」、「音楽による正義 Create justice」(障害者支援)、「ネオンアーツ：Neighborhood Opportunity Network (NeON)」(すべての人を対象にした芸術啓蒙活動)を展開している。
https://www.carnegiehall.org/Education/Social-Impact

クショップであった。当日は、子どもたちが参加するオーケストラ曲の作曲を委嘱された若い女性作曲家が、指導者たちを子どもに見立てて、さまざまな楽器を使って即興的に音を作り出し、それを作品にしていくプロセスを、ワークショップ形式で実施していた。カバニス氏はワークショップ全体のファシリテーターだけでなく、参加した指導者にも、個人的に助言を与えていた。

さらに、2月の訪問では参加できなかったが、カーネギー財団が運営しているワイル音楽院の活動の一部として、カバニス氏が主宰している「子守歌（ララバイ）プロジェクト」がある。社会貢献活動として実施されているプロジェクトで、翌3月、カバニス氏が来日した際には、ワークショップでも紹介された。

このプロジェクトは、妊婦や若い夫婦のために音楽家が子守歌を創作したり演奏したりして、母子の健康や発達を促進し、さらに親子のきずなを強めるための社会貢献活動である。対象となる親子は、病院、ホームレス・シェルター、孤児院、更生施設にいる若い夫婦である。[注10]

プレゼントされる子守歌は、妊婦や母親にとって、まさに個人的に大切な贈りものとなる。そのため、音楽家たちはまるでカウンセラーのように彼女たちにより添わなくてなくてはならない。彼女たちの思い出や今の気持ちを引き出して、歌詞へと「昇華」させていかなくてはならないからである。同時に、彼女たちの言葉は、ナラティブセラピー[11]でも活用される「語り」であって、こうした経験を通して、彼女たちは過

注10　特にララバイ・プロジェクトでは、さまざまな理由から「望まない妊娠」をした10代の女性を対象としている。産婦人科医からこうした少女の支援を頼まれたことが、プロジェクトをはじめるきっかけとなったという。

注11　心理療法のひとつで、患者はつらい思いを語る、そしてそれを文字にすることで、心理的な困難を克服していく。

去の人生を再構成して、新たな社会活動の原動力にすることができるのである。

このプロジェクトはすでに4000曲の子守歌を妊婦や母親にプレゼントしている。しかしこの活動は全米各地だけでなく、アフリカなどの諸国、さらにはヨーロッパにも活動の広がりを見せている。

公式ウェブサイトからは「子守歌（ララバイ）プロジェクト」から誕生した子守歌の演奏動画が公開されている。

https://www.carnegiehall.org/Education/Social-Impact/Lullaby-Project

第5節
社会で必要とされるとは？

昨今の日本の大学教育の問題としてしばしば批判的に論じられるのが、大学と社会、特に産業社会との関係である。グローバルな経済競争が激化するなかで、日本の企業はかつてのように、新卒を採用して企業内教育を徹底するということはできなく

アーティスト・シティズンによるコミュニティ社旗の成長と活性化

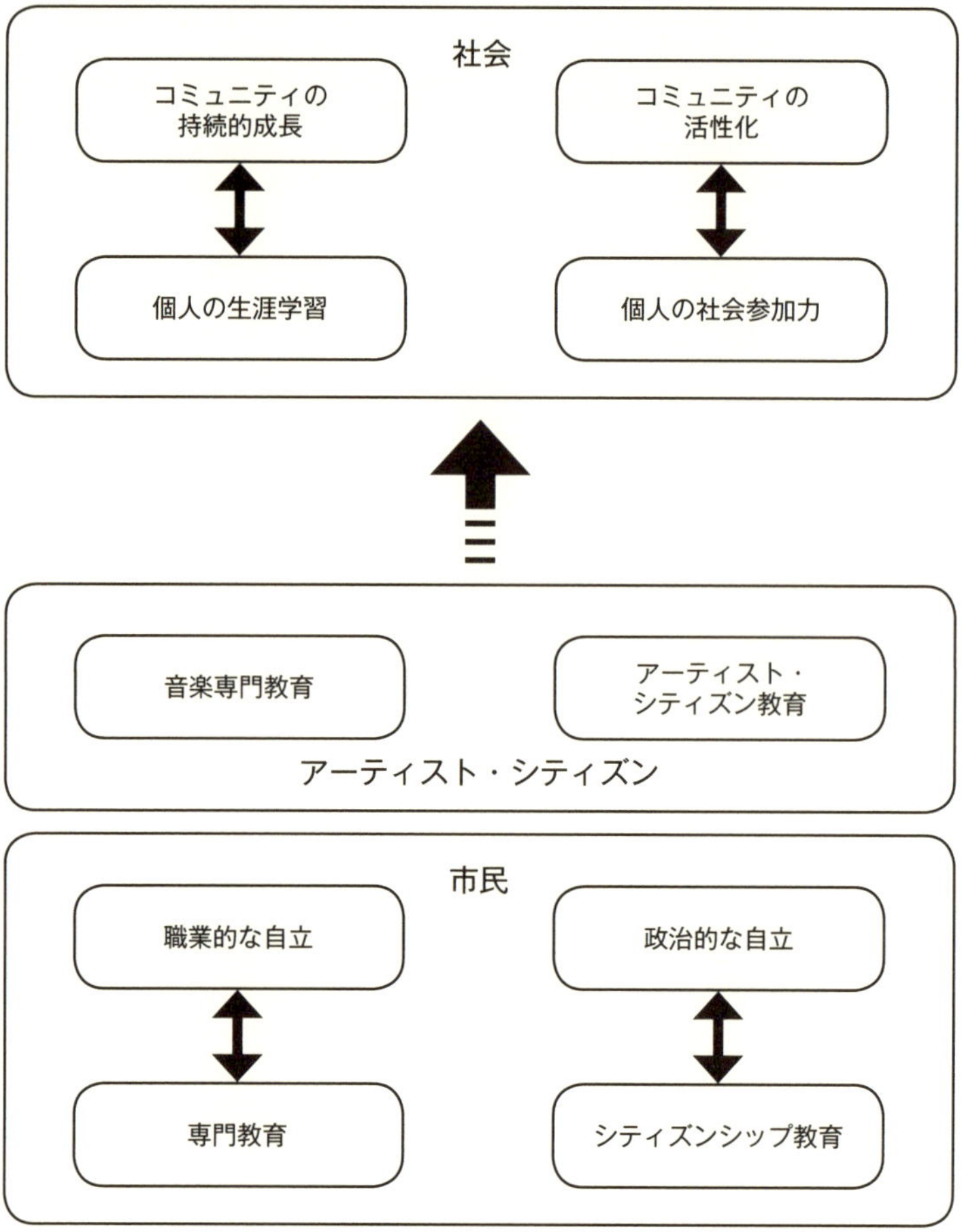

なった。そのために新入社員に対しても即戦力が求められ、その結果、大学では「就職予備教育」のごとく、キャリア教育がおこなわれているという批判である。産業界の要請に応える形で、大学の本来の教育が歪《ゆが》められているというのだ。

これも「社会で必要とされる」ことなのだが、ここでいう「社会で必要とされる」とはその意味が少し違う。産業界が必要としていることではなく、日本国内、あるいは世界で必要とされているかどうかなのだ。前節で紹介した「ララバイ・プロジェクト」はすでに国際的な広がりを見せているし、第1章で紹介した「エル・システマ」はさらに多くの国々で運動が展開されている。あるいは同じ章で紹介した、震災後の仙台フィルの人たちの活動もしかりである。

こうしたさまざまな運動がはじまる経緯を見ると、とても大切なことが見えてくる。音楽を必要としている人たちは、最初から自らで音楽を必要としたわけではないということである。誤解を恐れずにいえば、音楽の助けがなくても、なんとかなったかもしれないし、ひょっとしたら余計なお世話だったかもしれないのだ。音楽が必要である、音楽家である自分が必要とされていると感じて、行動を起こしたのは、音楽家自身であったということである。だからこそ、音楽家たちは献身的に活動し、音楽を提供してあげているというような気持ちにはならなかったのである。

ところで日本の音楽大学をめぐる最近の状況については、拙著『2018年問題とこれからの音楽教育』（ヤマハミュージックメディア、2017年）で、18歳人口の減少という日本のすべての大学が直面している問題と、さらに音楽大学が直面している固有の問題――音楽大学卒業後の進路、伝統的な音楽職業の衰退など――を論じた。そして日本の音楽大学がこのような危機的状況から脱するための方策をいくつか提言した。また第5章「音楽大学はなぜ必要か？」では、理想論を展開し、ある人からは理想的すぎて現実的な方策になっていないというお叱りを受けたり、また別の人からは、理想を掲げてこそ、現状の打開ができるのだ、学生にはぜひ読んでもらいたいという、励ましの言葉をいただいたりした。

やはり、ここで再度問いなおす必要がありそうだ。「音楽大学は社会から必要とされているか？」、「社会から必要とされる音楽大学とはどんな大学なのか？」これらの質問に対する答えは、社会からは返ってこないのかもしれない。前述したように、社会や世界に音楽が必要であることを音楽家自身が見つけたように、音楽大学も何が必要とされるのかを、探し求めなくてはならないのではないだろうか。注12

本書でこれまで述べてきた文脈からいうと、社会で音楽が必要とされていることを見つけ出し、行動を起こし、音楽を提供できる音楽家を世に送りだすことが、音楽大学がすべきことなのであろうという結論は導き出せそうだ。では、そのためにはどのような教育が必要なのか、どのようなカリキュラムを編成すればよいか。それはそれぞれの音楽大学で考えるしかないが、本書では考えるためのヒントをたくさん提供したつもりである。

注12　2018年7月から、筆者が研究代表者となった、科研費の挑戦的研究（開拓）「音楽ティーチングアーティスト養成コアカリキュラム開発のための音楽大学（学部）連携」が進行している。連携した音楽大学（学部）は11である。2018年度にはジュリアード音楽院からカバニス氏、2019年度はバークリー音楽院からワレス氏を招聘《しょうへい》し、これら11大学（学部）でワークショップを展開する他、各大学でTA養成講座を実施している。筆者がこれら11大学（学部）で講義するほか、11大学（学部）の教員が所属大学以外で講義を担当している。この研究は2020年度まで継続される。

日本だけでなく欧米の音楽大学でも、ここで紹介したカーティス音楽院やジュリアード音楽院のように、ＴＡ、コミュニティ・ミュージシャンの養成に積極的に取り組んだり、カリキュラムを再編したりすることが必要と思われる。しかしジュリアード音楽院のカバニス氏は２０１９年３月に来日した折に語ってくれたのだが、ジュリアード音楽院でもこうした新しい職業に関心を示すのは、全学生の１％だとそうである。これを聴いた日本の音楽大学の関係者は、少々安心したのである。そしてカバニス氏は最後にこう付け加えたのだ。「卒業後の2〜3年は、オーケストラのオーディションを受けて団員になることをめざすのだが、ほとんどの卒業生が夢を叶えられずに挫折していくんだよ。残念なことです。」

何かが変わらないといけないようだ。まだ筆者にはその答えを見つけることはできない。もう少し本書での考察を続けてみよう。

第7章

現代の音楽家に必要とされる教養

第1節　教養とは何か

(1) 教養の定義

「あの人は教養のある人だ」という。その場合には、その人が専門にしている学問や職業とは関係のない知識を豊富に備えていて、さらにそのことでものごとについて広く見識をもっていることを、「教養がある」と呼んでいるようだ。たとえば『大辞林』(第3版)には、次のように定義されている。ここでは②と③に該当する。

① おしえそだてること。
② 社会人として必要な広い文化的な知識。また、それによって養われた品位。
③ 〔英 culture; 独 Bildung〕単なる知識ではなく、人間がその素質を精神的・全人的に

開化・発展させるために、学び養われる学問や芸術など。

上の定義にあるように、教養は英語のカルチャー culture、ドイツ語のビルドゥング Bildung の翻訳語でもある。カルチャーには「耕す」という意味があり、ビルドゥングは英語のビルディング building に相当する言葉で、形づくることである。難しい言葉でいえば、「陶冶《とうや》」である。つまり、心や精神が「耕され」、「育まれ」、そして「練り上げ」られていることが、「教養」なのである。

(2) リベラル・アーツの起源

「教養」と関係の深い言葉に英語の「リベラル・アーツ liberal arts」という言葉がある。日本語で「教養」と訳されることがあり、「リベラル・アーツ教育」といえば、大学の「教養教育」となる。あるいは「自由学芸」と訳される場合もある。

アーツ arts はアート art の複数形で、アートとは「技術」あるいは「技芸」のことである。自然 nature に対して、人が手を加えることがアートなのである。たとえば、art の形容詞である「アーティフィシャル artificial」は「人工的」という意味になる。artificial arm は義手、artificial color は着色料である。

リベラル liberal の意味は、古代のギリシャやローマに遡《さかのぼ》る。この時代、労働は奴

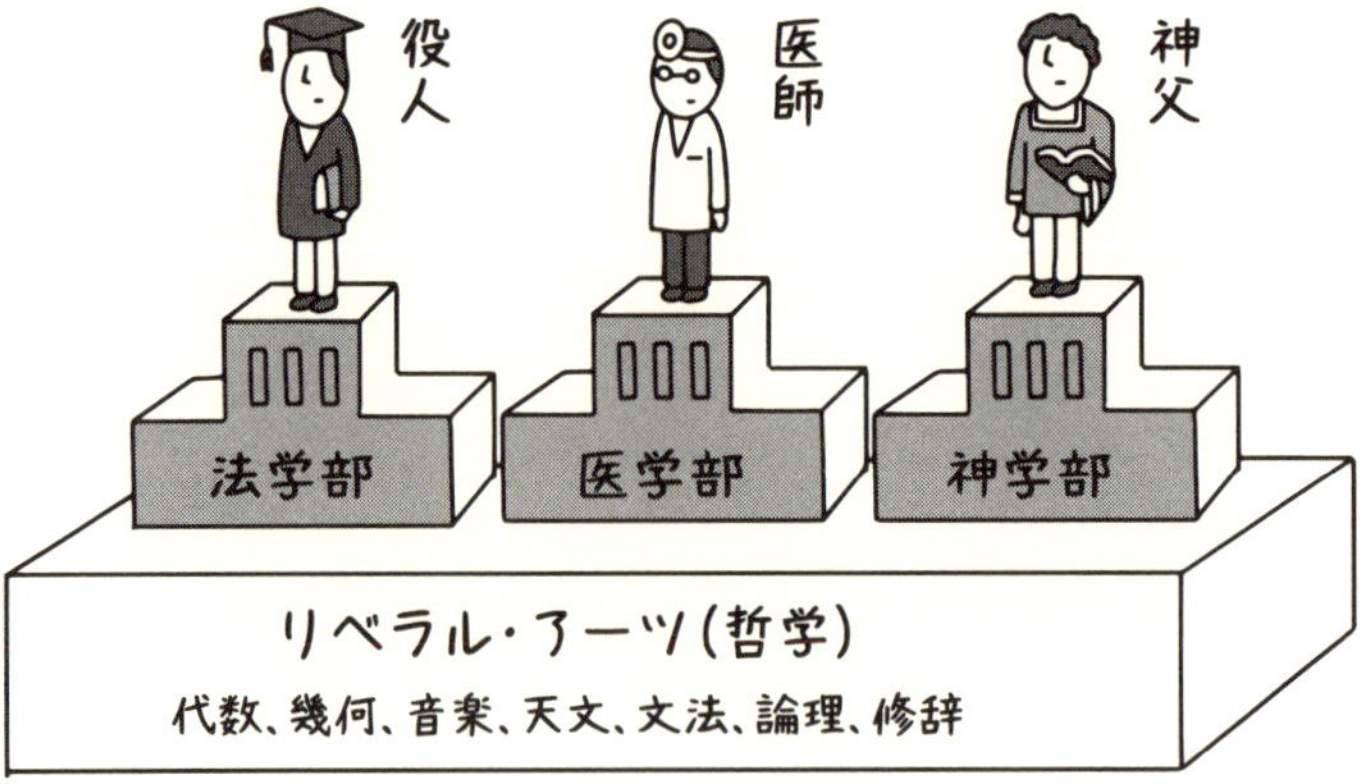

隷にさせて、奴隷ではない自由人のみが学問をたしなみ、今日でいう「哲学的」素養として、代数、幾何、天文、音楽を学んだ。さらに、教養を修めた自由人は政治家として人々を導いたので、弁論のために「修辞学的」素養を学ばなくてはならなかった。つまり、文法、論理、修辞という3つの分野である。

これら7つの分野をまとめて、「リベラル・アーツ」と呼ぶようになるのは、中世ヨーロッパにおいて誕生した大学においてだった。[注1] 哲学的素養と修辞学的素養のふたつが、自由人が学ぶ技芸と考える伝統が生まれたわけである。

自由人は奴隷のように職業をもつ必要がなく、またこれらの7つの分野がいずれも職業から「自由な」技芸でもあったことから、中世の大学では役人、医師、神父を養成する法学部、医学部、神学部のための準備教育とし

注1　リベラル・アーツの歴史については、大口邦雄の『リベラル・アーツとは何か　その歴史的系譜』（さんこう社、2014年）を参照した。

て、この「リベラル・アーツ」が位置づけられるようになる。リベアル・アーツ教育（教養教育）が専門教育の前段階に位置づけられるのは、こうした伝統があってのことなのだ。このリベラル・アーツが哲学として、大学での職業人教育を支えたのである。

法学部、医学部、神学部、これら3つの学問はそれぞれ、役人、医師、神父という3つの職業に対応していることに、注目してほしい。当時はこれら3つの学部がそろっていないと、「大学university」と呼ばれなかった。つまり、大学は本来、人間社会を成立させる重要な要素――法律、医術、宗教――を担う人材を養成した職業教育の場であったわけである。そしてこの3つの要素が人間の生死に関係していることも、決して偶然ではないだろう。

(3) 近代の大学におけるリベラル・アーツとリベラル・フリー

中世以降の大学では、リベラル・アーツの修辞学的素養が重視され、ギリシャ語やラテン語で書かれた哲学書や文学書（キケロやクインティリヌスなど）の読解、つまり古典語の教育が中心となる。しかし近世になると、古典語の修得は手段となり、むしろ、精神的な陶冶《とうや》や自己の成長に重点が置かれるようになった。特に18世紀の啓蒙主義の時代になると、リベラル・アーツは宗教や迷信などから人々の精神を解放するた

めに学ぶものと解釈され、リベラル・アーツは「リベラル・フリー」のための教養と考えられた。[注2]

17世紀には自然科学が発展し、哲学から自然科学が独立し、19世紀になると、哲学からさらに歴史学が独立、そして最後に政治学、経済学、社会学という新しい学問が誕生した。このことは現代の学問の世界において通用している博士の学位の名称である「哲学博士」すなわち「ドクター・オブ・フィロソフィーPh.D.」に、哲学だけでなく、歴史学、政治学、経済学、社会学という人文系の学問領域、さらには自然科学系の学問領域も含まれていることからわかる。大澤真幸は、新しい社会科学の成立を次のように説明している。

> 一九世紀の最も重要で支配的なイデオロギーは、自由主義（リベラリズム）です。その自由主義は、近代というものを、三つの機能領域の文化によって定義したのである。つまり、三つの領域が、機能の上で独立しているものであるとされた。三つとは、国家と市場と市民社会（あるいは国民）です。この三つは基本的に独立の論理で動いている。そういうふうになっているのが近代的な社会です。そこでこの三つの領域に沿った社会科学ができる。市場について調べるのが経済学。国家の論理を考えるのが政治学。そして市民社会の論理として、社会学が生まれるわけです。
>
> 『社会学史』（講談社現代新書、2019年）、117頁

注2　大口は同じく、「リベラル・フリーの理念」を、以下の7つに整理している。（前掲書261‐3頁）
1. 自由を強調する。特に先験的な批評や規範からの自由である。
2. 知性と合理性を重視する。
3. 批判的懐疑主義を含んでいる。
4. 寛容の精神を特徴とする。
5. 平等性への傾向を特徴とする。
6. 市民としての義務以上に、個人の意志を強調する。
7. リベラル・フリーの理念を立てることは、何かのためではなく、それ自身のためである。

社会科学の成立（大澤真幸『社会学史』を参考に筆者が作成）

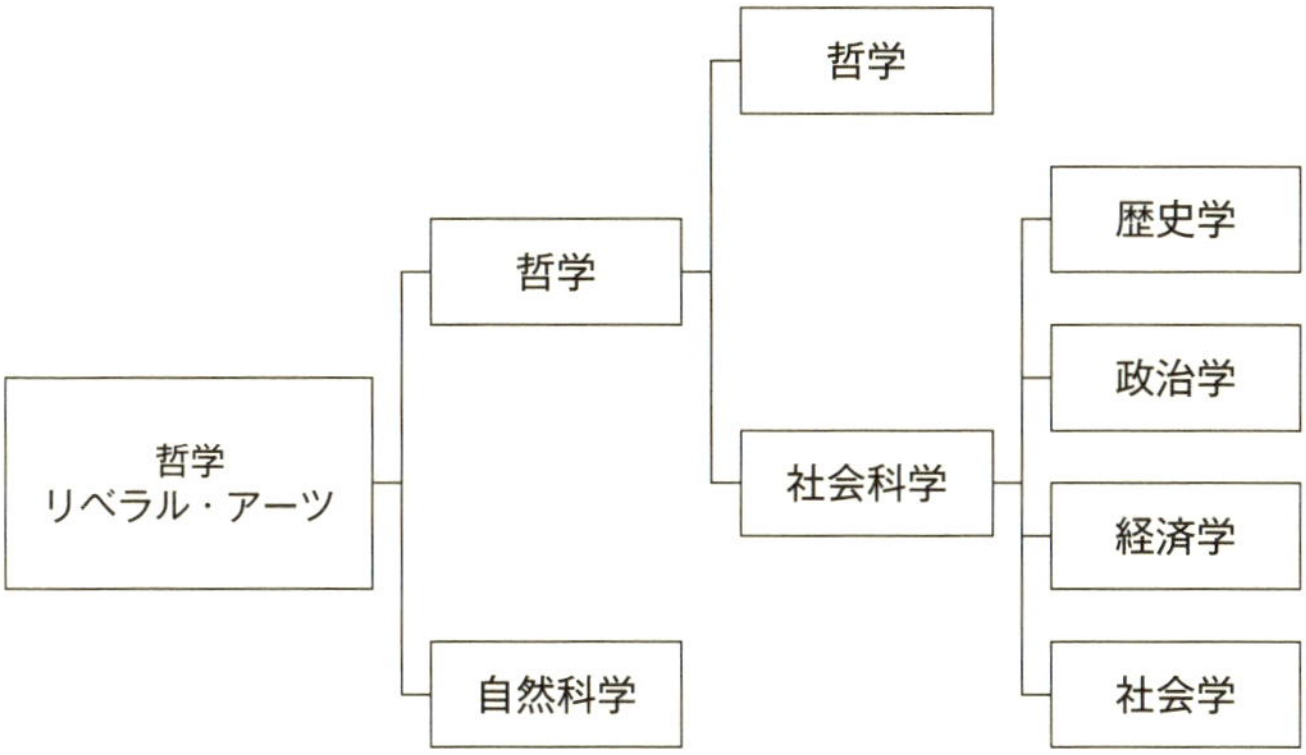

第4章で考察した「市民（公民）」の定義が、ここで示された3つの機能領域——政治、経済、社会に対応しているのは、興味深い。

こうした学問領域の分野がリベラル・アーツのなかに入れられることになる。このような流れの結果として、20世紀初頭には、教養教育の基本としての「人文」、「社会」、「自然」という3分野が確立されたわけである。リベラル・アーツは、自由人としての自己の成長のための教育と、宗教や迷信から解放する教育というふたつの性格をもつことになったこともここから理解できるであろう。

(4) アメリカにおける一般教育

20世紀のアメリカでは、このリベラル・アーツが誰でも受けることができる教育、つまり「一般教育 general education」として推奨されたことで、上述したようなふたつの性格をあわせもつリベラル・アーツが、ますます曖昧《あいまい》になっていた。特に第1次大戦後のアメリカで主流となる大学では、学部で専門教育を受ける前に、人文、社会、自然という3つの基本的な分野を学ばせる、一般教育のプログラムが普及した。そして第2次世界大戦後になると、これら3分野に分散された「一般教育」が普及し、学部の最初の2年間に、このような「分散学習」[注3]を集中的におこなうことが一般化した。

こうして「分散学習」としてのリベラル・アーツは、専門教育から切り離され——これは、むしろ高等学校の教育に近かった——、すべての人が「一般」として同じ教育を受けることから、個人の自己成長を求めることも少なく、かろうじて普通教育として、広く国民文化の向上に貢献することになると、考えられたのだ。戦後の日本の大学に導入されたのは、実はこのタイプの一般教育であった。このとき新制大学で教養教育を担当したのは、旧制高等学校の教員であったことも、当然のことであったわけである。

注3　分散学習は一般的に集中学習の反対で、一定の間隔で学習することが効果的な学習法である。ただしここでは、自然、人文、自然科学という広い分野の学科を「分散的」に学ぶことを意味している。ひとつの分野や学科だけを学習するよりも、多くの分野や学科を学習したほうが、一般教養を効果的に修得できる。現代の日本では高等学校の1年生頃から、理数系と文系に分かれて学習しているが、これは全人的教育の視点からすれば、効率的な学習ではないであろう。理数系が得意な人は文系の科目を、文系が得意な人は理数系の科目を、より優先して学習するべきであろう。大学や大学院で「文理融合の教育」をはじめてもあまり多くの成果が期待できないであろう。

第2節 日本の大学における教養教育

(1) 日本の大学における一般教養科目

戦後の大学教育の歴史を見ると、その後の大学教育の在り方を大きく変える出来事がいくつかあった。終戦後まもなくして、連合軍総司令部の指導・監督のもと、教育刷新委員会によって、戦後教育改革が実施され、大学については、戦前の帝国大学、高等学校、高等専門学校、医学専門学校、師範学校などが統廃合され、1949年以降、新制大学へと移行した。その数、国立70校、公立17校、私立81校、計168校であった。ちなみに、2017年（平成29年）には、大学の数は778校となり、70年ほどの間に、大学の数は4・6倍になった。

1955年（昭和30年）になると、国民ひとりあたりの実質国民総生産（GNP）

が戦前の水準を超え、翌年の経済白書には「もはや戦後ではない」という言葉が書かれた。この同じ年に大学設置基準（文部省令）が制定された。大学を設置するために必要な教員数や校地・校舎などについての最低基準が示されたのである。法令の内容はあとに見るように時代や社会の変化に伴って改正されているが、現在でもこの法令は、大学を新たに設置したり、教育課程を変更したりする場合には、遵守しなくてはならない。

この時期の大学設置基準では、学部も種類も「文学、法学、経済学、商学、理学、医学、歯学、工学及び農学の各学部、その他学部として適当な規模内容があるとみとめられるもの」とされていた。ずいぶんとオーソドックスな感じがするが、これは戦前の旧制大学の学部の名称がそのまま使用されたからである。また教育課程（カリキュラム）については、一般教育科目、外国語科目、保健体育科目、専門教育科目の4種類とされ、卒業に必要な単位数も、一般教育科目36単位、外国語科目8単位、保健体育科目4単位、専門教育科目76単位の、計124単位と決められていた。さらに一般教育科目も、人文、社会、自然の3つの分野に分かれていて、それぞれ12単位、3科目の単位を取得しなくてはならなかった。

（2）「大学設置基準の大綱化」

大学進学率[注4]が向上、大学の数も増加、さらに時代や社会が変化して、多様な人材養成が大学に求められるようになったことから、1991年（平成3年）に「大学設置基準」が改正された。この改正は「大綱化」と呼ばれ、2019年現在の大学教育の性格を決めた出来事としてきわめて重要である。「大綱化」とは要するに、基準の緩和であり、大学は独自の教育課程を編成できるようになったわけである。これも、本書の第3章で述べた、新自由主義的な教育改革のひとつである。大学には自己・点検評価が求められ、大学経営の責任はすべて大学の「自己責任」となった。

この「大綱化」によって、学部は「専攻により教育研究の必要に応じ組織されるもの」とされ、教育課程（カリキュラム）についても、卒業に必要な単位数は124単位のままであったが、上述したような科目区分はなくなり、大学が自由に設定できるようになった。さらには学士の名称もこれまで「○○学士」であったのが、「学士（○○学）」となり、「○○学」も大学によって自由に設定できるようになった。

この「大綱化」によって大学教育はどのように変わったのであろうか。ここでは、大きな変化についてだけ見ておこう。[注5]

第1の変化は、科目区分がなくなったことで、ほとんどの大学で一般教育科目の単

注4　大学進学率とは、18歳人口のうち、大学（4年制大学、短期大学、高等専門学校〔4年次生〕、専修学校）に進学した者の割合のこと。近年は80％程度で推移している。昭和35年頃が10％で、その後昭和50年頃までに上昇して50％程度になった。そして平成元年頃まで50％止まりだったのが、それ以降上昇し、80％で高止まりしている。

注5　第2次世界大戦後の日本における大学に関係した出来事は、次のように整理できる。

1949（昭和24）年	新制大学の発足
昭和31年	大学設置基準（文部省令）の制定
昭和43～45年	全国で大学紛争が生じる
昭和44年	東京大学入試が中止となる。学生運動・大学紛争への対策として、大学運営に関する「臨時措置法」を制定
昭和54年	「共通第1次学力試験」がはじまる
平成2年	「大学入試センター試験」がはじまる
平成3年	大学設置基準の大綱化
平成15年	国立大学の法人化
平成18年	教育基本法の改正

位数が削減されたことである。これまで一般教育科目を担当していた「教養部」も解体され、多くの教員は専門科目を担当するようになった。大学における一般科目、すなわち（一般）教養教育が縮小されてしまったのである。教養部の教員は専門学部の教員から「ワンランク下」の教員と見られていたので、教養部の教員にとっても「願ったり叶ったり」だったわけである。

第2の変化は、学部の名称が多様化したことだ。時代や社会が大学に求めるニーズを反映して、「情報」「環境」、「国際」、「地域」、「政策」、「現代」、「人間」、「総合」などのキーワードを組みあわせたさまざまな名称の学部が誕生した。かつては、漢字一文字の学部——法学部、医学部、歯学部、文学部、商学部など——に権威があり、その次が漢字2文字の学部——経済学部、社会学部、経営学部、芸術学部など——に権威があるとされていた。しかし「大綱化」により、時代のニーズを反映した、2文字漢字を組みあわせた学部が登場したわけである。たとえば、国際政策学部、環境情報学部など、数え上げるときりがない。そして最後のきわめつけは、漢字とカタカナ、そしてカタカナだけの名称も生まれたことだ。たとえば、メディア情報学部があれば、メディアコミュニケーション学部もある。現在では500種類以上もあるといわれている。音楽は、その他の分野に比べてまだましなほうだが、それでも一般的な「音楽」の他、「応用音楽」、「音楽芸術学」、「声楽」、「器楽」、さらに「芸術」、「芸術学」、「芸術情報」などがある。

我が国の学校教育制度の歴史について（「学制百年史」等より）平成24年1月 国立教育政策研究所（作成責任者：德永保、作成分担者：神代浩、北風幸一、淵上孝）より

大綱化後の大学については、吉見俊哉の「文系学部廃止」の衝撃（集英社新書、2016年）、「大学とは何か」（岩波新書、2011年）を参照した。

学位の名称も「大綱化」以前は250種類程度であったが、今では700種類以上もあるといわれている。こういう状況になると、学部の名称や学位の名称を見ただけでは、その人が大学で何を学んで、どのような知識や技能を修得したのかも、わからなくなってしまう。またこうした名称が学位として国際的に通用するのかどうかも疑わしい。グローバル化のなかで、日本人が国際的に活動する場合には、それは大きな障害になるに違いない。このような事態を文部科学省も深刻にとらえて、大学に改善を求めているが、今後、大学設置審議会で検討がおこなわれるであろう。

(3) 教養教育を侵食するキャリア教育?

1980年代の日本はまだバブル経済[注6]に浮かれていたが、1990年代になるとバブル経済が崩壊し、日本は大きな社会不安に陥った。大手の都市銀行や証券会社が倒産し、株価も一気に下落してしまう。日本は「失われた10年」という停滞期、そして「就職氷河期」[注7]と呼ばれる時代に入ってしまったのだ。そして2008年のリーマンショック[注8]がさらなる追い打ちとなり、2019年の現在もまだ完全には回復していないようだ。

日本で「キャリア教育」という言葉が行政関係の文書に登場したのは、ちょうと「失われた10年」が終わろうとしていた頃である。中央教育審議会が1999年に提

注6 バブル経済あるいはバブル景気とは、株式や土地の値段が投機によって実勢価格以上に高騰する状況を指す。日本では特に1980年代後半にはじまり、1990年代初頭に崩壊した。

注7 就職氷河期はバブル経済崩壊後の約10年間の時期で、大学卒業の就職は困難をきわめ、多く学生がフリーターとしての生活を余儀なくされた。就職氷河期に大学を卒業した人たちが、2019年現在、40歳前後になっている。前後の世代に比べて、正規労働者の割合が低く、年収も低いという統計結果が出ている。彼らが高齢期に入ると、さまざまな社会問題の発生予想され、政府も「就職氷河期世代支援プログラム」を策定して、対策に乗り出したばかりである。

注8 リーマンショックは、2008年9月、アメリカの投資銀行リーマン・ブラザーズ・ホールディングの経営破綻によって引き起こされた世界的金融危機。日本経済への直接的な影響は限定的だったが、ドル安や輸出産業の落ち込みで、バブル経済崩壊からよく立ちなおりつつあった日本経済

出した答申《初等中等教育と高等教育との接続の改善について》においてである。
この答申の背景にあったのは、新規学卒者のフリーター志向や、就職後の3年以内離職者の増加といった、若年労働者が直面していた問題だった。さらに文部科学省は2003年に、《若者自立・挑戦プラン》という若者就労支援策を立ち上げたのである。

若年労働者の問題は高等学校までの教育に問題があるという認識から、キャリア教育の推進が提唱される。2004年の《キャリア教育に関する総合的調査研究者会議》の報告書は、学校教育におけるキャリア教育の方向性を示し、2007年には《キャリア教育等推進プラン――自分でつかもう自分の人生――》と続いていく。[注9]

キャリア教育が必要となった背景と課題として、文部科学省が指摘したのは、次のふたつである。ひとつは、「学校から社会への移行をめぐる課題」で、もうひとつは「子どもたちの生活・意識の変容」である。これら2点に共通していることは、卒業して就職しなかったり、すぐに離職したりしてしまうのは、子どもたちや学生の勤労観や職業観が未熟で、社会人としての意識が未発達だからであって、学校教育では「生涯にわたって学び続ける意欲の向上」や「社会人としての基礎的資質・能力の育成」が必要であるということであった。

大学進学率が80%という日本では、学校から社会への移行をめぐる問題」に直面しているのは、大学などの高等教育機関である。当然のことながら、高等学校以前の学

にも深刻な影響を与えた。音楽界に与えた影響については、本書の第1章で述べた。

注9 日本の学校教育および大学教育におけるキャリア教育については、拙著『音大・美大卒業生のためのフリーランスの教科書』(ヤマハミュージックメディア、2018年)の「プロローグ」を参照。また児美川孝一朗の『キャリア教育のウソ』(ちくまプリマー新書、2013年)では、キャリア教育が批判的に検証されている。

校におけるキャリア教育の普及に歩調をあわせるかのように、多くの大学にキャリアセンターが設置され、キャリア教育が展開されるようになる。とりわけ「大学設置基準」の第42条第2項目が2010年に改正されて、次のような条文になり、2011年4月から施行されたことは、決定的である。

大学は、当該大学及び学部等の教育上の目的に応じ、学生が卒業後自らの資質を向上させ、社会的 及び職業的自立を図るために必要な能力を、教育課程の実施及び厚生補導を通じて培うことができるよう、大学内の組織間の有機的な連携を図り、適切な体制を整えるものとする。

大学は「キャリア」という言葉を付した科目を設置したのだが、その多くが就職活動に資する科目ばかりであった。学生たちに自分の将来を考え人生設計するために必要な知識を教授するはずのキャリア教育であったが、現実的には就活に役立つ科目ばかりであった。そしてこのような科目がすべての学生が学部や学科を超えて履修することから、一般教養科目にこのようなキャリア科目が置かれるようになってしまった。こうしたキャリア教育が一般教育を侵食する結果になったのである。

第3節 音楽大学における教養教育

(1) カリキュラムの誤解

「カリキュラム」は一般的には「教育内容を学習段階に応じて配列したもの」と定義される(デジタル大辞泉より)。「教育課程」と呼ばれることもある。英語ではcurriculumと表記するが、語源はラテン語の「走る」を意味するcurrereに由来する。ここから、コースcourse、流れ(電流)current、流通currency、そして音楽用語ではクーラントcourantなどの言葉が派生した。

ここで大学のカリキュラムについて考えてみたい。大学教員は個人的には、多くの科目を担当するのを嫌うのだが――人間誰しも労働は少ないほうがいいと思う――、いざ、学科や専修のレベルになると、自分たちの縄張りを広くしたいという組織的論理から、たくさんの科目を設定したがる。その結果、特に選択科目、しかも類似した内容の科目を複数出してしまうのである。

ここで忘れられているのは、科目を履修する学生の視点である。卒業に必要な単位数はせいぜい140単位（法律上は124単位以上）である。科目にすると70科目である。ここには一般教養や外国語、体育なども含まれているので、専門科目は40科目くらいであろう。必修科目を15科目として設定し、残りを選択科目としたとすると、類似した内容の科目が多いと、学生は好きな内容や得意な内容の科目ばかりを履修して、広く専門を学ぶことができなくなる恐れがある。要するに、カリキュラムというのは、学科や専修に開設された科目一覧ではなくて、学生ひとり一人が卒業までに履修する科目のつながり、つまりコースなのである。

最近では、「カリキュラム・ツリー」といって、開設された科目を「樹系図」にして表すことが求められる。設定される科目はすべて、ツリーのように、幹から枝、枝から葉というように系統的につながっていて、ひとつの枝だけに葉っぱがたくさんついているというような、アンバランスな状態にならないようにしなくてはならない。ましてや、樹形図に入らない科目などがあってはいけないのである。この樹形図は、「履修系統図」あるいは「カリキュラム・マップ」などとも呼ばれる。

カリキュラム・ツリーの概念図

(2) 音楽キャリア教育

大学の長い歴史において、教養科目(リベラル・アーツ教育)は専門教育の前段階、専門教育は職業教育と位置づけられてきた。日本ではすでに述べたように、「大綱化」以後、1年次から専門教育がおこなわれ、教養科目は解体され、それぞれの専門教育の前段階あるいは補助的な教育と見なされるようになった。一般教育内での分散化から専門ごとへの分散化が生じたといえるであろう。

自己成長のための教育あるいは一般教育としてのリベラル・アーツは後退してしまった感がある。これを補完しているのが、キャリア教育科目である。ところが、とりわけ一般大学においては、キャリア教育はあたかも「就活」のための科目となり、しかも一般教養科目の単位に含められることも多い。キャリア教育科目も一般教養科目も、本来は全人的な科目として、大学教育の根幹をなすべきものなのに、お互いが「食うか食われる」かの戦いをしているというのが、現状なのではないだろうか。

最近の音楽大学でも、実技教育、すなわち職業教育が中心になると、リベラル・アーツが後退するが、キャリア教育と実技教育との相性はいいように思われる。しかし実技教育が一流のピアニストやオペラ歌手を養成するための教育に傾きすぎると、社会で求められている大学教育との乖離《かいり》は深刻になろう。学生たちが卒業してから実

教養教育と専門教育をつなげるキャリア教育

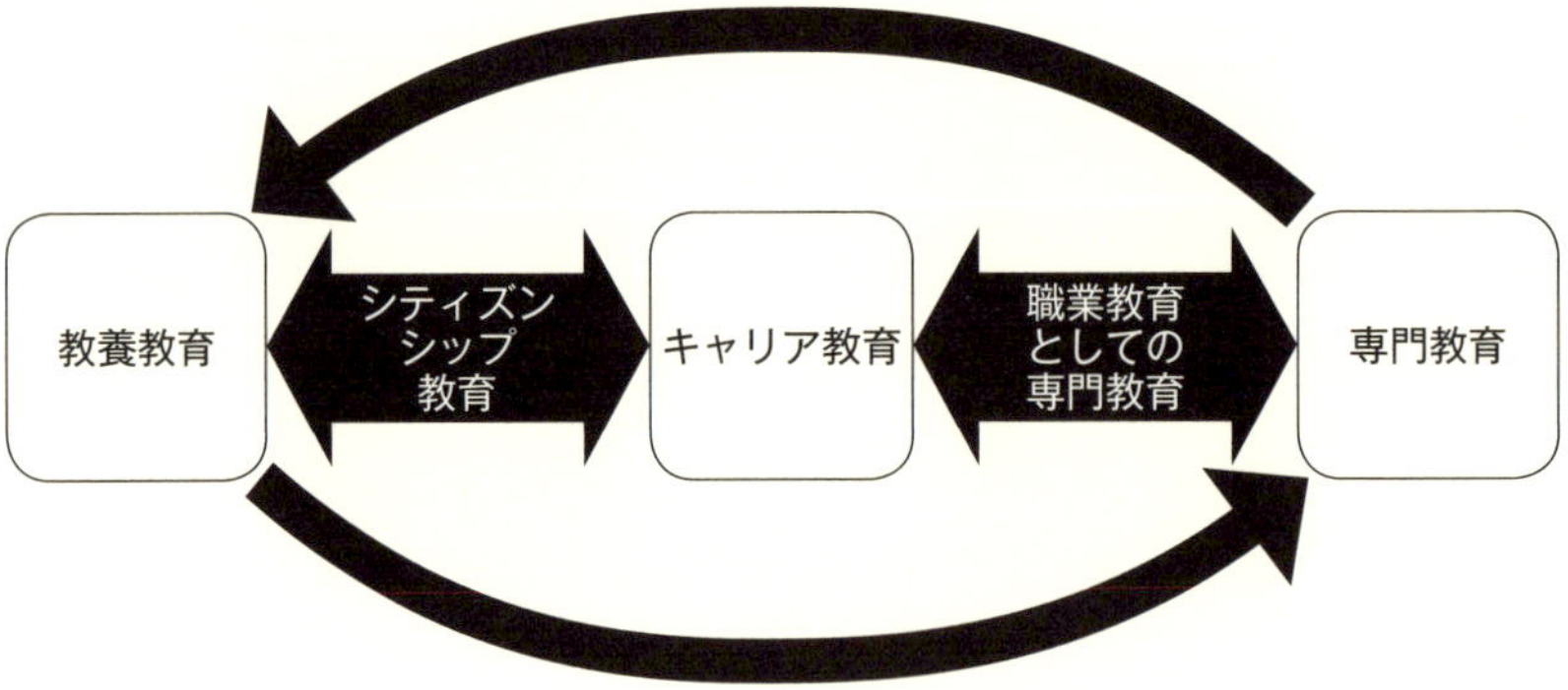

際に、音楽大学卒業生として引き受ける仕事の内容と、必ずしも一致しないからである。

音楽大学では独自の「音楽キャリア教育」があるべきであろう。どのようにして、自ら学んだ音楽でもって社会に貢献し、同時に、収入を得て、自立できるのかを、大学教育でしっかりと学んでもらう必要があると思う。音楽社会人（音楽という技能を活用して社会貢献できる良き市民）の育成こそ、音楽大学の使命であることを、今一度考えてみるべきであろう。

ここで提案するのは、教養教育、キャリア教育、専門教育の３つを融合した教育課程である。教養教育と専門教育を統合する力を育てるのが、キャリア教育であると考えている。

第4節 社会音楽人に必要とされる教養

教養教育は一般性、専門教育は特殊性を、それぞれ特徴とするが、キャリア教育は双方を媒介するのである。その媒介のキーワードが、「シティズンシップ教育」[注10]であり、職業教育としての専門教育なのである。ここでは、教養教育とキャリア教育を融合した「社会音楽人に必要とされる教養」として、カウンセリングと音楽著作権について、少し考察をしてみたい。なぜこのふたつのテーマを選んだのかは、筆者が興味をもち、多少なりとも学んだからである。そういう意味で、これらふたつの分野は筆者にとって「教養」なのである。

音楽家にとっては、音楽以外の分野を学べば教養になるわけであるが、音楽以外のすべての分野を学ぶことはできないのはいうまでもない。そうであれば、音楽活動に多少なりとも関係があり、なんらかの役に立つ分野を学ぶのがいいのかもしれない。

ここで紹介するカウンセリングと音楽著作権は、音楽家の人にも少なからず役に立

注10 「シティズンシップ教育」については、本書の第4章第3節で詳しく述べた。

つ分野であろう。関心のある人はさらに勉強をしていただきたいと思う。

(1) カウンセリング

①カウンセリングとは

ここでの「カウンセリング」[注11]は、精神疾患などによる精神心理的な問題を解決するためにクライアントを援助する「心理カウンセリング」ではない。より広い意味でのカウンセリングで、生活のすべての面において、専門家が「専門的な観点」からクライアントを援助する場合のことを指す。たとえば、ハローワークや大学の就職相談におけるキャリアガイダンス、総合診療科での医療相談なども、カウンセリングである。

このような視点から見れば、音楽の個人レッスンで教師が生徒から、演奏のみならず、身体、心、さらに将来について相談を受けて、音楽家という専門的な立場から助言を与えることも、カウンセリングであるといえる。ここで注意してほしいのは、生徒からの恋愛相談に関して、教師が自分の経験からアドバイスをしても、それは単なる「人生相談」であって、カウンセリングとはいわないことだ。カウンセリングとは、あくまでも専門家からの助言であることが大切である。[注12]

注11　社会においてカウンセリングが必要とされるようになった背景に、アメリカにおいて19世紀末から工業化が進み、農村や外国からの工場労働者が増加し、さまざまな社会問題を生じたことがある。こうした労働者ひとり一人に目を向けて、生産の手段としての人間ではなく、人格のある人間として向きあったのが、F・パーソンズであった。彼は自分の能力や適性にあった職業を見つけることが幸せにつながると考えて、職業ガイダンスをはじめたのだが、それがカウンセリングのはじまりといわれている。カウンセリングと職業相談の起源が同じであることは興味深い。健全な職業生活を送れることが、人間としてよりよく生きるためにもっとも必要であることが、理解できる。

注12　カウンセリングの仕事を理解するには、渡辺三枝子『新版　カウンセリング心理学　カウンセラーの専門性と責任性』(ナカニシア出版、2002年)、諸富祥彦『はじめてのカウンセリング入門(上)——カウンセリングとは何か』(誠心書房、2010年)が良書である。

②傾聴

　カウンセリングの基本としてよく指摘されるのが、「傾聴」という相談態度である。[注13] 英語では単に「リスニング listening」であるが、日本語では「共感的傾聴」や「積極的傾聴」などと、その内容をより明確にした表現がある。

　なぜカウンセリングでは傾聴が必要かというと、カウンセリングは助言者の考えを相談者に押しつけたり、助言に従って行動させたりすることを目的とはしていないからである。「私のいうとおりにしておけば、間違いないから」というのは、助言ではない。

　相談者には問題を自分自身の力で克服して成長していく力を備えており、そのプロセスを援助するのが助言者の役目である。そのために助言者は、相談者を無条件に「受け入れ」、相談者の思いに共感して、共感していることを相談者に伝えるのである。そして助言者は相談者の気持ちを冷静に受け止め、同時にそのような自分を受け入れるのである。助言者は相談者に対して、素直な気持ちと態度で、向きあわなければならない。こうすることで、相談者も自らの気持ちに冷静に向きあい、克服へ向けての自己成長への道を歩むことができるのである。

　生徒や学生から相談を受ける際に、まずは彼・彼女の気持ちを聴くことからはじめる必要がある。ついつい自分の経験から、「こうしたらどう?」とか「私のときはこうだった」と言ってしまいがちになるので、気をつけたいものである。こうして話を

注13　「傾聴」を最初に提唱したのは、アメリカの心理学者C・R・ロジャース（1902-87）である。傾聴に関しては諸富祥彦の『はじめてのカウンセリング入門（下）――ほんものの傾聴を学ぶ』（誠心書房、2010年）を参照してほしい。

聴いてあげるだけで、問題が解決したり、そのきっかけが見つかったりする場合も多い。誰かに話すことで、スッキリした気持ちになるということは、誰しも経験することである。

③メンタリング

ブースは著書『ティーチング・アーティスト――音楽の世界に導く職業』(水曜社、久保田慶一・大島路子・大類朋美・訳、２０１６年)のなかで、メンタリングmentoringについて、一節を割いている。そこでは最初にメンタリングの語源について説明しているので、引用しておこう。

> メンターというのはホーマーの『オデュッセイア』の登場人物です。トロイ戦争に出兵するオデュッセイアが、自分の息子で後継者であるテレマスクを預けた弁護士です。このような語源から、メンターとは先生という意味だけでなく、親の代役や人生のアドヴァイザーという意味を含んでいます。(１２１頁)

メンターとメンティー(メンターの指導を受ける人)の関係は一対一なので、その関係も双方向で、きわめてパーソナルな関係になる。ブースは次のように述べている。

メンターは相手の成長と学びに対して責任を負います。メンタリングは一対一で向き合い、音楽だけでなく、人生の広範囲のことにも関わり合います。一方が他方をお手本にするというパーソナルな関係です。メンティーは、メンターの発する言葉と少なくとも同じくらいに、メンターの考え方や問題解決方法、質問への答え方、世間との向き合い方からも、多くを学びます。（121頁）

メンター mentor とメンティー mentee は「師匠と弟子」という関係に近いと思われる。弟子は師匠の家に入り、師匠と寝食をともにして、多くのことを学んでいく。現在は指導者の立場にある人も、きっとその昔、メンターと呼べるような人が数人はいて、多くのことを学んだに違いない。

メンタリングにおいても「傾聴」は大切で、メンターが先走って話してはいけない。ブースは、「こちらがどうしても話したいと思うまでは、聴いてあげなさい。話した後には、もっと聴いてあげなさい。」（121頁）と、教えている。

メンタリングも、カウンセリングと同様に、指導を受ける人や相談者の潜在的な能力を前提にしており、それを引き出し、自らで解決することが最終的な目的である。決して指導者や助言者が「命令的」に指導したり助言したりすることではないのである。

④コーチング

メンタリングが人生相談を含めて、幅広く助言を与え、指導するのに対して、コーチングcoachingは目的が明瞭で、特定の技能の習得や向上のためにおこなわれる助言や指導である。指導者と指導を受ける人との関係はパーソナルなものになることはなく、目的が達成されれば、関係は解消されるものである。

(2) 著作権

①障害者と著作権[注14]

２０１８年は我が国の音楽著作権法にとって、歴史的に見ても、とても重要な年となった。そのひとつが、近年めざましいデジタル化・ネットワーク化の進展と、世界知的所有権機関において、２０１３年６月に採択された「盲人，視覚障害者その他の印刷物の判読に障害のある者が発行された著作物を利用する機会を促進するためのマラケシュ条約」[注15]の締結に対応して、「著作権法案」が改正されたことである。[注16]

文化庁の公式ウェブサイトに掲載された「著作権法の一部を改正する法律の概要」と題された文書には、「改正の趣旨」として、次のように述べられている。

デジタル・ネットワーク技術の進展により、新たに生まれる様々な著作物の利用ニー

注14 著作権については、岡本薫の『著作権の考え方』（岩波新書、２００３）がよい。最近の著作権の動向、特に音楽教室と日本音楽著作権協会（ＪＡＳＲＡＣ）との係争については、城所岩夫の『音楽はどこへ消えたか？２０１９改正著作権法で見えたＪＡＳＲＡＣと音楽教室問題』（みらいパブリッシング、２０１８）が参考になる。

注15 「マラケシュ条約」とは、２０１３年にモロッコのマラケシュで採択された著作権に関する条約で、視覚障害者や肢体不自由者など、印刷物を読んだりもったりすることに困難を伴う人々に、本などにアクセスできるように、著作権の例外的な扱いを認めることを定めている。

注16 「改正著作権法」は２０１８年５月18日に成立し，同年５月25日に公布され、一部の規定を除いて，２０１９年１月１日に施行された。

ズに的確に対応するため。著作者の許諾を受ける必要がある行為の範囲を見直し、情報関連産業、教育、障害者、美術館等におけるアーカイブの利活用に係る著作物の利用をより円滑に行えるようにする。

改正された内容は、次の４つの項目である。

（１）デジタル化・ネットワーク化の進展に対応した柔軟な権利制限規定の整備
（２）教育の情報化に対応した権利制限規定等の整備
（３）障害者の情報アクセス機会の充実に係る権利制限規定の整備
（４）アーカイブの利活用促進に関する権利制限規定の整備等

（１）では、ビッグデータを活用したサービス、たとえば、書籍の所在検索サービスや論文盗用の検証のための情報解析サービスなどには、著作物を許諾なく利用できるなど、将来の利用方法の拡大や変容に対応するための、ある程度抽象的に定めた規定が整備された。

（２）では、ＩＣＴを活用した教育方法、たとえば、反転授業[注17]や遠隔授業[注18]などで、教師が著作物を使用して教材を作成し、ネットワークを通して、生徒の端末に送信できるようになった。

注17 反転授業とは、児童・生徒はインターネットなどを通して、前もって授業の学習内容を学んでおき、学校の授業では問題を解いたり、ディスカッションしたりする授業形態のこと。教師は教室での学修をサポートし、個々の子どものニーズに対応する。英語ではフリップ・ティーチング flip teaching あるいはフリップド・クラスルーム flipped classroom という。フリップはページなどをめくたっり、紙を裏返したりすること。

注18 遠隔授業とは、教える人と学ぶ人とが同じ場所にいない授業形態を指す。インターネットを使って、遠く離れた教室で、学習することもできる。

（3）では、現在視覚障害者などが対象になっている規定を改正し、肢体不自由などにより手にもって読むことができない人のために、録音図書を許諾なく作成することができるようになった。

②TPPと著作権

もうひとつは、2018年3月8日に「環太平洋パートナーシップに関する包括的及び先進的な協定」（以下、「TPP11協定」）が締結されたことによる、著作権の改正である。[注19]

「TPP11」では、関税障壁の軽減、サービスや投資の自由化の促進、さらに電子商取引や企業活動の規制など、幅広い分野において新しい交易のルール作りをめざしたわけだが、この議論においても知的財産のひとつとして著作権がホットな話題になったことなどは、重要である。著作権を含む知的財産権の保護と利用の推進が、商業や経済の分野のみならず、学問研究や創作活動の活性化を促すからである。そしてデジタル・ネットワーク化の進展、とりわけインターネットの発達が、こうした国際的な連携を必要とする状況の背景となり、またその連携をより加速し、緊密なものにしていることは、いうまでもない。

先の（4）では、美術館などの展示作品の解説・紹介用資料をデジタル方式で作成し、タブレット端末などで閲覧することが、許諾なくおこなえるようになった。また

注19　協定締結に伴う関係法律を整備する「TPP11整備法」が同年6月29日に成立し，7月6日に公布された。これによって、すでに「TPP12整備法」において予定されていた著作権法の改正も、TPP11協定が日本について効力を生ずる日から施行されることになり、2018年12月30日から施行された。

国および地方公共団体などが「裁定制度」を利用して、著作権者不明の著作物を利用する場合、補償金を供託する必要がなくなった。さらに国会図書館は許諾なく、外国の図書館に絶版などの資料を送付することができるようになった。

「TPP11」の締結に伴って、すでに「TPP12整備法」で予定されていた改正法が、2018年12月30日に施行された。

改正された内容は、次の5つである。

（1）著作物等の保護期間の延長
（2）著作権等侵害罪の一部非親告罪化
（3）アクセスコントロールの回避等に関する措置
（4）配信音源の2次使用に対する報酬請求権の付与
（5）損害賠償に関する規定の見直し

（1）では、著作物などの保護期間はこれまで、著作者の死後あるいは公表後50年だったが、70年に延長された。改正法の施行日が2018年12月30日だったので、50年前の12月29日以前に亡くなった著作権者の著作権は切れてしまうが、これ以降に亡くなった人の著作権はさらに20年間、保護されるようになったわけである。注20
（2）では、改正前は著作権侵害の訴えがないとその罪に問えなかったが、3つの

注20　従来の法律だと、1968年に亡くなった作家の作品は2019年に著作権の保護期間が終了するはずであったが、保護期間が50年から70年に延長されたことで、2039年の1月1日まで保護されることになる。しかし1967年以前に亡くなった作家の作品は改正以前の法律が適用されるので、2019年1月1日で保護期間は終了する。1967年に亡くなった作家には、山本周五郎や壷井栄などがいる。

著作権の構造

岡本薫『著作権の考え方』（岩波新書、2003年）p.10を参照して、筆者が作成

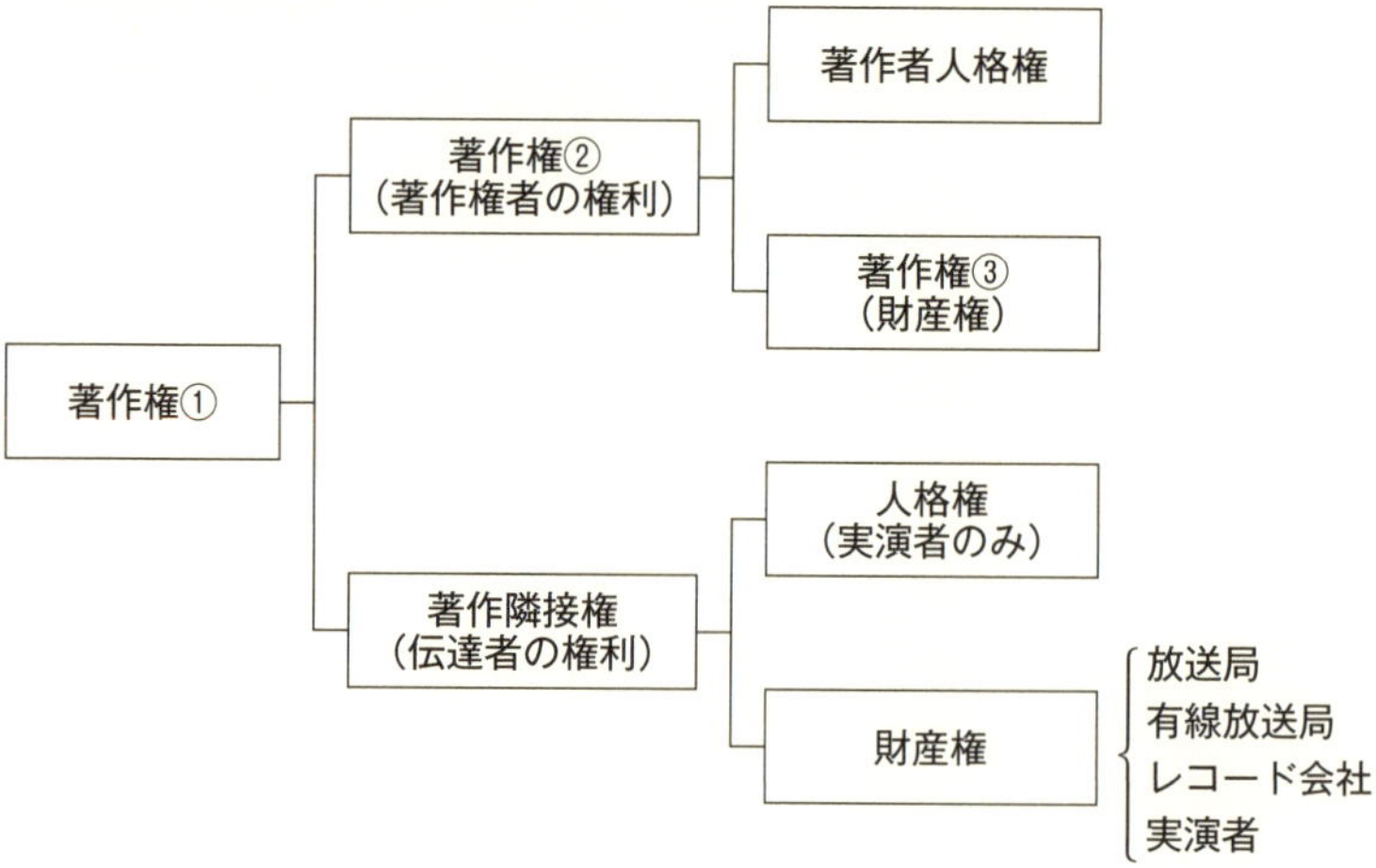

日本で「著作権」という場合、①から③までの3つの意味があるので、注意が必要である。①は広い意味での著作権で、ここには著作者権利という狭い意味での著作権と、演奏者や実演家など伝達者の権利としての著作権、すなわち「著作隣接権」が含まれる。さらに②の著作権には、著作者の人格を保証する「長作者人格権」と、さらに狭い意味での売買できる権利、つまり財産権としての③の「著作権」がある。人格権と財産権という関係は、著作隣接権にも含まれる。たとえば、委嘱した作品で創作代金を支払って②の著作権の保有者になっても、曲の内容を作曲者の許諾なしに、つまり著作者人格権を無視して、改変することができない。

要件を満たす場合には、著作権者からの訴えがなくても、罪が問われるようになった。3つの要件とは、①対価を得る目的、または権利者の利益を害する目的がある、②著作物を原作のまま利用している、③権利者の利益が不当に害されること、この3つである。たとえば、販売中のコミック本や小説、あるいは映画の海賊版を販売すると、非親告罪となる侵害行為と見なされ罰せられる。

（3）では、契約者でないと見られないように暗号化するなどのアクセスコントロールを回避して、不正に視聴すると、著作権侵害と見なされ、刑事罰の対象となる。

（4）では、CDなどではなくインターネットから直接配信された音源を、放送事業者などが2次使用する場合にも、実演家やレコード製作者は、使用料を請求できるようになった。

（5）では、著作権など管理業者が管理している著作権が侵害された場合、当該の管理業者の使用料規定によって算出される額を、損害額として賠償請求できるようになった。

特に、著作権の保護期間が50年間から70年に延長されたことで、「戦時加算」[注21]の問題がクローズアップされるようになった。この制度が適用されるのは日本だけだが、70年に延長されたうえに、さらに戦時加算されるとなると、連合国だった国の著作権者の権利が80数年にもわたって保護されてしまうのだ。これでは、文化の発展に寄与するという、著作権法の理念のひとつが有名無実になり、むしろ文化の発展を阻害しているといわざるをえないだろう。

注21　戦時加算とは、戦時で交戦国となった国の著作者の著作権の保護期間に、戦争の期間を追加すること。つまり、戦争期間中は保護されていなかったと考えるわけである。この戦時加算をしているのは日本だけであるが、第2次世界大戦の交戦国の作家の著作権保護期間に、たとえば、アメリカやイギリスの場合、3794日（約10年4カ月）を加える。

第8章

現代の音楽家の学び

第1節　大学で学ぶ意味

(1) 大学とは何か

「大学とは何か」という問いは、さまざまな視点から発せられる問いであり、そのためにさまざまな答えがある。「学校教育法」には「大学は学術の中心として広く知識を授けるとともに、深く専門の学芸を教授研究し、知的、道徳的及び応用的能力を展開させること」（83条）と記されている。

学生の立場からすると、「学生は学術の中心である大学において広く知識を得るとともに、深く専門の学識を学び、知的、道徳的及び応用力を高める」となるであろう。現代の日本において、はたして大学がそのような場所になっているのか、第7章で述べたように、就職のための「予備校」のようになっているのではないかと危惧す

ライフステージとしての大学生期

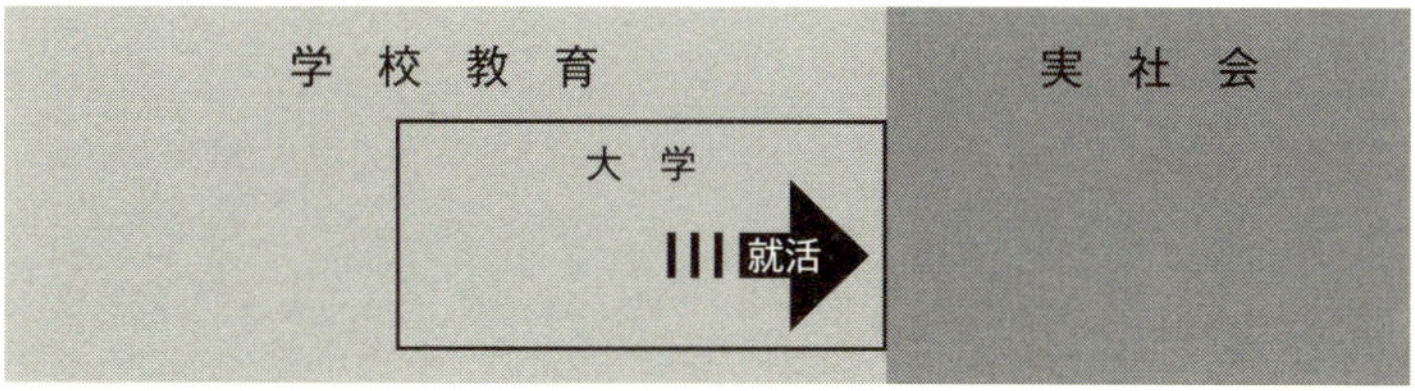

るのは、筆者だけではないだろう。

そうはいっても、10代後半から20代前半の青年（前）期にある若者にとって、大学での学修さらに生活の期間は、それ自体で貴重な4年間（あるいは2年間）である。と同時に、その人の生涯（これを、キャリアと言い換えることができる）という長い時間のスパンのなかに置いてみると、つまり、ライフステージ[注1]としてみると、学校教育を受ける最後の時期にあたり、学校から社会へ移行する時期であるといえる。就職活動は、学生から社会人への移行期を象徴する活動といえるであろう。

(2) 学生としてしておくべきこととは？

本書の読者には、これから大学に進学する方、そして今大学で学んでいる方も多いだろうから、大学生のときにどのようなことをしておけばよいのかについて、筆者の考えをご紹介しておきたい。

大学生ともなると、身体的にはもはや大人である。大

注1　ライフステージとキャリアについては、本書の第2章を参照してほしい。

学入学を機にひとり暮らしをはじめる方も多いと思うが、食事や睡眠などの基本的な生活習慣はもちろんのこと、十分な体力をつけて、健康的な大学生活を送ることは大切である。そのうえで自分が今大学で学んでいる意味を模索し、将来に対するはっきりとした目標を見つけてしてほしい。目標がはっきりしない人や、あるいは将来に対して強い不安をもっている人が、教育実習やインターシップに行って、新しい環境で自分の可能性を追求しさえすれば、今の状態から抜け出させるかというと、決してそうではない。

インターンシップに行った学生の多くが、現役の社員からよくいわれるのが、「大学生のときにしか、自由に本を読んだり映画を観たりする時間がないよ」という言葉である。その言葉のとおり、一生涯でおそらく大学生の時期ほど、自由に自分の好きなことを学べる時間のある時期はないだろう。それは、昼間働いて夜間に大学に通う社会人大学生を見ているとよくわかる。彼らの苦労は、並大抵のものではない。職場や家族の理解を得るのが難しいし、体力的・精神的にもつらい。しかし大学に来る社会人学生の意欲や熱心さは、若い大学生の比ではない。時間を惜しみ、何より学費は「自分で」働いて得たお金だからである。自分の自由になる時間を活かして、大学生の間に専門を深く学ぶのもいいだろうし、広く教養を深めてもよいであろう。

最近では聞かなくなったが、本来の意味での「モラトリアム moratorium」の時期にしてもらいたいと思う。モラトリアムとはもとは経済学の用語である。戦争や自然災害などによって、銀行預金や債務の支払いを一定期間、政府が猶予して、社会的な混乱を避けるためにおこなう処置のことである。第2章で紹介した社会心理学者のエリクソンは、社会からの義務や責任を最小限にして、青年が職業を模索し、獲得するまでの時期を、「モラトリアム」と呼んだ。日本では就職が決まらない「未決定」の状態と理解され、フリーター[注2]として働いたり、ニート[注3]の状態にある人たちを揶揄《やゆ》したりする場合に使用されているが、本来は、若者がインターンシップなどの就業体験をしつつ、自分の職業上の自己実現をめざす時期なのである。

大学生であれば、教育実習やインターンシップで失敗をしても、ある程度は許してもらえる。これは周りが「モラトリアム」の時期であることを、認めているからである。だからといって、遅刻や無断欠席、相手が話しているときにスマホを操作するといった、基本的なルールやエチケットの違反は認められない。注意された時点で「すべてが終わった」と覚悟したほうがいい。インターンシップや就活では、このようなルール違反をしてしまうと、この学生は大学生活がまともに送れていないと、判断されてしまうからである。

大学生の時期は無限に続くわけではない。日本では大学の学部には、最長8年までしか在籍できないことになっているが、通常は4年間しかないわけだから、4年間の計画を立てて学修することが大切である。つまり必ず終わりが来て、次は社会人となっていくのである。

注2　英語で自由を意味する「フリー free」とドイツ語で労働者を意味する「アルバイター Arbeiter」を組みあわせた和製造語。義務教育後の15歳から34歳までで、アルバイトやパートで生計を立てている人を指す。１９８０年代後半のバブル経済期にこの言葉が使用されたときは、雇用されずに、自分の夢を実現するために働いているという、きわめてポジティブな意味があった。バブル崩壊後は、本人の意志とは関係なく、必要に迫られてやむをえずフリーターとして働く人が増えて、ネガティブな意味をもつようになってしまった。

注3　ニートという言葉は、イギリス政府が１９９９年に発表した調査報告書「Bridging the Gap（ギャップを埋める）」のなかで指摘された、16歳から18歳までの若者が置かれた社会的状況を意味する言葉、すなわち「not in education, employment or training = Neet（教育、就職、職業訓練を受けていないもの）」に由来する。日本で紹介されたときに、Neetを「若年無業者」という日本語訳を与えられてしまったので、「揶揄」する意味が含まれてしまった。

何年生のいつ頃に〇〇をしなくてはならないかは、知っておかなくてはならない。たとえば、ゼミの決定や卒論の提出日などは、4年間のスケジュールのなかに前もって組み込んでおかなくてはならない。もちろん就職活動をする時期も入れておかなくてはならないだろう。そうしておけば、大学生の時期に、どのくらいの時間を就活にあてるのかも、わかるわけだ。むやみやたらに長い期間かけて、就活はするべきではないだろう。

第2節 学位、資格、免許

(1) 大学と学位

4年制の大学を卒業すると、「学士」という学位を得ることができる。大学院を修了すれば「修士」、そして博士論文を執筆して大学院が認めてくれると、「博士」の学位が得られる。博士の場合、「課程博士」と「論文博士」があり、後者は博士課程に在籍しなくても、論文が認められれば授与される。

現代の日本では、大学教育の意義が問われている。学生たちは大学に入学するまではよく勉強するが、入学すると勉強しなくなり、やがて就活に東奔西走することになる。しかし就職して社会に出れば厳しい現実にさらされるわけだ。大学教育というのは、就職のための予備教育になっているのではという批判である。

哲学者の鷲田清一氏は『だれのための仕事』（講談社学術文庫、2011年。初版は1996年）のなかで、大学生が勉強しない理由を、次のように解説していた。

就職とは〈死〉であるという意識が根底にある。そうだとすれば、勉強という「仕事」からやっと解放された大学生たちが、残された束の間の期間をとにかく楽しんでおこうとするのも無理はない。

大卒という肩書、学士という学位を得るのが目的となり、単位を取得するのが楽な科目ばかりを選んで履修するようになる。大学院に入学して——最近の学生たちは「入院」というらしい——修士や博士の学位を取得することが自己目的化して、そもそも学位というのが研究やその成果の結果として追随してくるものであることも忘れられている[注4]。
そもそも「学位」とは何なのであろう。日本では学校教育法の第１０４条で、学位の種類と授与の方針が示されている。学位には、学士、修士、博士、短期大学士、専門職学位の5種類があり、大学（短期大学を含む）と大学評価・学位授与機構のみが授与することができる。

学位は基本的に「資格」ではなく、一定の教育課程を修了したり、それと同等の学力をもっていると認められたりする者に、学術上の研究能力、業績や功績に対して与えられる「称号」である。

「称号」であるので、免許や資格のように、従事できる職業などを限定するものではない。大学の教員の多くは現在では修士以上の学位をもっているが、中卒でも高卒でも大学の教員になることができるのは、あまり知られていない。学校教育法第92条では、たとえば、教授は「専攻分野について、教育上、研究上又は実務上の特に優れた知識、能力及び実績を有する者であって、学生を教授し、その研究を指導し、又は研究に従事する。」と記載されており、学位の所持については何の規定もない。特に、芸術やスポーツの分野では、「実務上の特に優れた知識、能力及び実績」が評価されることが多い

注4　学位は英語で「ディグリー degree」である。近年では、複数の大学が協定を結び、入学した大学院と協定を結んだ大学院の2つの学位を取得する「ダブル・ディグリー」や、複数の大学院でひとつの学位を取得できる「ジョイント・ディグリー」の制度が整備されている。
さらに２０１７年に学校教育法が改正され、新しい大学種として、専門職大学（および専門職短期大学）の設置が認められ、２０１９年4月にいくつかの大学が開設された。修業年限は4年または2年で、学士（専門職）という学位が授与される。

(2) 対価としての学位

大学に入学して卒業するには、時間とお金が必要である。こうした費用に対する対価が学位である。学部を卒業するために必要とされる単位は最低で124単位である。仮に150単位を取得したとすると、2単位をとるために、法律上は、(授業時間2時間〔実際には90分でよいとされている〕+予・復習4時間)×15回＝90時間が必要と、学校教育法などの法律で定められている。したがって卒業に必要な150単位を取得するためには、6750時間の学習が前提にされているのである。

6750時間をここで6800時間として、労働時間として計算してみよう。大学の就学期間は4年なので、年間1700時間。1年を50週として、週あたり34時間、週5日とすると、1日あたり6・8時間となる。このような計算をしてみると、150単位に必要な学習時間は、4年間、週5日の労働時間に匹敵するのである。学習も労働も同じ「ワーク work」なのである。

しかし日本の大学生で、予・復習を含めて、これだけ学習している人はほとんどいないのではないだろうか。大学では「キャップ制」[注5]を導入して、1年間で取得できる単位数を制限しても、毎回の授業の予・復習を保証したものにはなっていない。よしんば年間40単位に制限して、前期に20単位とすると、1週あたり10の科目があるが、

注5 スマホなどで通話料金5分まで無料にするといったように、上限を定める、帽子(キャップ)をかぶせるのが「キャップ制」である。大学などでは、学生の学習時間を確保するために、1年間に取得できる単位数の上限を定めることが義務付けられている。

10の科目すべてについて、予・復習するのは無理であろう。

日本の大学の学士という学位には、実質が伴ってないと批判されるのも、当然であろう。製品にたとえるならば、労働時間が短い、つまり手抜きで製造された商品なのである。企業もこのことをよくわかっていて、昔は採用後に教育を熱心におこなった。しかし国際的な競争が激しくなると、企業は即戦力を求め、大学に対しては文部科学省を通じて、確かな「学士力」の育成を求め、そのための「厳格な成績評価」や「単位の実質化」を求めたのである。[注6]

音大生の場合、毎週レッスンがあることから、予・復習の時間は一般の大学生よりは長いが、その他の科目の予・復習までに手が回っているかというと、これは心もとない。

いずれにしても、学位というのは、資格や免許ではなく、称号であることは肝に銘じておくことである。○○大学を卒業したことに、過剰にプライドをもったり、あるいは、過剰に卑下したりすることはないということである。グローバル化された世界では、卒業した大学や取得した学位ではなく、個人の資質や能力が問われるのはいうまでもない。

注6　こうした問題を解決するには、吉見俊哉氏が主張するように、1科目の単位数を増やして、全体の科目数を減らすしか方法がないであろう。こうすれば予・復習の時間がとれて、そのために大学附属図書館の利用者も増えるであろう。他方で、書籍や雑誌の電子化が進み、スマホなどでの情報検索が普及したことで、大学における図書館の在り方そのものが問われている。吉見俊哉『トランプのアメリカに住む』（岩波新書、2018年）、第3章「ハーバードで教える　東大が追い付けない理由」を参照してほしい。

個人の資質・能力を証明するのが、資格や免許である。両者は少し意味が異なるので、注意が必要である。

(3) 資格と免許

資格とは、まさにその人がもっている知識・能力・技能を証明するのである。どの機関が証明するかによって、国家資格、公的資格、民間資格、修了資格の4種類に分かれる。とりわけ、この資格をもっていないと、特定の仕事ができないということが、法律や法令で定められている場合に、その資格は免許となる。

資格には実にさまざまな種類がある。たとえば、「秘書検定」は公益財団法人実務技能検定協会が認定していて、1級から3級までの「資格」を出している。しかしこの資格を取得せずに、会社などで秘書をしている人はたくさんいるわけである。資格をもっていないからといって、法的に罰せられることはない。

これに対して免許というのは、たとえば「自動車運転免許」は、「道路交通法」という法律に基づいて出されている免許で、免許をもたずに自動車を運転すると、法的に罰せられる。医師免許や教員免許も同じである。免許はそれをもっていないと仕事ができない、してはいけないという法的拘束力が高いので、資格に比べて、社会的にも高く評価される傾向にある。履歴書などでも、資格よりも免許を先に記入することが多い。

大学では「教職課程」を履修することで、教員免許を得るために必要な科目の単位を取得することができる。大学生のなかに、「私は将来、学校教員になることはないから、教職課程を履修しません」という人が少なからずいる。確かに学校で教員として仕事をするためには、教員免許が必要であるが、実は教員免許は教員になるためだけのものではないのだ。

教員免許を取得するためには、教育原理、児童・生徒の発達や心理について学ばなくてはならないし、介護などの体験や教育実習などを経験しなくてはならない。つまり、教員免許は児童・生徒や学校についての知識や経験をもっていることを証明しているのである。たとえば、地方公務員の採用試験では、教員免許をもっている人ともたない人では、おそらくもっている人が高く評価されるであろう。なぜなら、地方公務員の仕事には学校や児童・生徒に関係する仕事や職場があるからである。さらには、修学旅行を企画している旅行社にとっても、学校や教員のことを体験として知っている人は、有為な人材であろう。

第3節 大学でのリカレント教育のすすめ

(1) 子どもの学習と成人の学習

生涯学習の考え方やその実行をあえて話題にする必要がないほど、日本では学校を卒業してからの学びは一般化している。前者を子どもの学習、後者を成人の学習と呼ぶことにする。

では、成人してからの、学校だけでなく、免許・資格を取得するための講座、自治体などが主催する講座や講演会、さらにカルチャーセンターなどでの学びは、どのような特徴をもっているのであろうか。

たとえば、成人の学びを研究している岩崎久美子氏は、次のように、両者の違いを説明している。[注7]

注7　岩崎久美子『成人の発達と学習』(一般財団法人 放送大学教育振興会、2019年)

子どもが学習する動機は、「よい成績をとること、希望する学校の入試に合格すること といった学習行動に対する評価、つまり、目に見える報酬といった『外発的動機づけ』(extrinsic motivation)」であるのに対して、成人が学習する動機は、「このような外部からの学習の誘因（刺激）よりも、」「人間的成長、自己実現といった内面的充足や満足感といった『内発的動機づけ』(intrinsic motivation)」であると指摘している。（125頁）

子どもの教育は「ペダゴジー pedagogy」、成人の学習は「アンドラゴジー andragogy」と呼ばれる。ペダゴジーという言葉は ギリシャ語で教師を意味する「パイダゴゴス paidagogos」に由来する。しかし教師といっても現在とは異なり、奴隷の身分で、ご主人の子どもを学校に連れていくのが仕事であった。パイドスは「子どもの」、アゴゴスは「導く」という意味だ。[注8] 次の表は、子どもの学習と成人の学習の相違について、成人教育理論を体系化したM・S・ノールズの考えを、岩崎氏が図表に整理したものである。（岩崎、128頁より）

「自己概念」は少し難しい言葉であるが、簡単にいえば、「自分をどう見ているか」である。子どもが学校に通う目的は、必ずしも勉強だけではない。友達と遊んだり、給食を食べたりするのが楽しみで、学校に来る子どもだっているだろう。したがって義務教育ではことさら、学校での学習は自発的ではなく、友達といっしょだからとか、先生や親が学校で学習するのを当然視しているからなのである。この意味で子ど

注8 「アンドラゴジー andragogy」は「アンドロ andro」と「ペダゴジー」の合成語で、アンドロはギリシャ語で「人」あるいは「男性」を意味する。ちなみに、人造人間は「アンドロイド android」、男性ホルモンは「アンドロゲン androgen」である。中原淳『働く大人のための「学び」の教科書』（かんき出版、2018年）

表　子どもの学習と成人の学習の違い

	子どもの学習（ペダゴジー）	成人の学習（アンドラゴジー）
1．自己概念	依存的	自己決定的
2．学習教材	教師、教科書、教材	経験（豊かな学習資源）
3．学習方法	同年齢対象の同内容教授（標準化されたカリキュラム）	討論、問題解決事例学習、シミュレーション、ワークショップなど
4．学習内容	教科内容の習得	現実生活の課題や問題への対応
5．学習の目的	将来への投資	生活への即座の活用

もの学習は環境や周囲の人間に対して「依存的」なのである。子どもは自分が学校の「児童・生徒」であると思っているが、学校での「学習者」だけであるとは、思っていないであろう。

これに対して、成人の学習は義務でもないし、誰から強制されたものでもない。自分で決めて学んでいるので、「自己決定的」なのである。もし、たとえば会社から資格の取得や英会話の学習を命じられたりした場合、これは成人の学習ではなく、子どもの学習なのである。つまり、子どもと成人の区別は、年齢上の区別ではなく、依存的であるか自己決定的であるかという、心や態度の区別なのである。

（2）大学でのリカレント教育

リカレント recurrent は英語で、「反復する」、「再発する」、「周期的に起こる」という意味である。一度治癒したた病気などが再発したり、そもそも完治は難しかったりする病気の名称に使われている。しかしカレントcurrentには「現在の」、「今流行している」などの意味があり、リカレントは再度「時流にあわせたものにする」という意味が含まれるように思われる。つまり、「アップデート」することである。

recurrent educationはリカレント教育と呼ばれたり、ときに「回帰教育」や「還流教育」とも訳されたりする。ここで重要なことは、リカレント教育は確かに大学卒業後に再度大学などに入学して、学業を「再発」させることであるが、同時に、新しい教育を受けて、これまでの知識をリニューアルし、新しい知識との融合を図る、「学びほぐし」[注9]であることも、忘れてはいけない。

筆者は40歳代の終わりから、50歳代の前半にかけて、ふたつの社会人大学院（いずれも夜間開講）で学んだ経験がある。最初の大学院ではカウンセリング心理学、あとの大学院では意思決定論を研究した。

最初の大学院に入学しようと思った動機は、「現実生活の課題や問題への対応」であった。具体的には、学生の進路相談の理論や技能を学びたいというものであった。しかしふたつめの大学院への入学は、最初の大学院で研究したことを発展させるためであったので、必ずしも「現実生活の課題や問題への対応」ではなかったのである。いずれの場合も自己決定的ではあったが、目的は子どもの学習のほうに近かったといえるであろう。また学習教材としてはこれまでの経験が役に立ったことはいうまでもないが、はじめて学習する分野であったため、教師やテキストが必要になったわけで

注9　英語のアンラーンunlearnあるいはアンラーニングunlearningの訳。「学びなおし」と訳される場合もある。新しいことを学ぶ場合に、これまでに学んだことを一度「解体」して、新しい知識を再度組み込まなくてはならない。このことを「学びほぐし」という。

表　成人の大学でのリカレント教育

	成人の大学でのリカレント教育
1．自己概念	自己決定的
2．学習教材	教師、教科書、教材＋経験（豊かな学習資源）
3．学習方法	討論、問題解決事例学習、シミュレーション、ワークショップなど
4．学習内容	現実生活の課題や問題への対応
5．学習の目的	将来への投資

す。

学習目的についても、大学での学生指導に役に立ったことは確かであるが、音楽大学生のキャリア支援という、これまで研究者があまり注目してこなかった分野で、はからずも先駆的な仕事をするきっかけとなったのである。現在のところ、本業であった音楽学よりも、音楽キャリア支援の仕事のほうが多い。この意味で筆者が受けた大学でのリカレント教育はきわめて「投資的」であったのである。

大学での学びなおしが「投資的」であるということは、すなわち、L・グラットンとA・スコットの前述した著書のなかで強調した、「探索期」に相当し、「エクスプローラー」として行動していることになる。つまり、自分の潜在的な能力を見出し、発見された能力を発揮できる仕事を、社会に探し求めるのである。大学での学びなおしが、短期の講座やカルチャーセンターでの学習と大いに異なる点であろう。

もうひとつ大切なことは、大学あるいは大学院で学ぶことで、学位を取得できる点である。特にリカレント教育で

20歳代に取得した学位とは異なる種類の学位を得ておくと、効果は絶大である。筆者の例で、説明してみよう。

筆者がふたつの大学院で取得した学位は「カウンセリング修士」と「経営学」である。現在、私が取り組んでいる仕事は音大生のキャリア支援で、本書のような著書を出版している。もともとの専門は音楽学で、長年大学で音楽史などを教えてきたので、音大生のキャリア支援に関する本が書けないわけではない。しかし同じ内容の本であっても、音楽学の学位だけをもった人と、それ以外に、キャリア支援に直結する学位をもっている人とでは、その影響力は異なるのではないだろうか。もちろん、キャリアデザイン学会や組織学会などの関連する学会にも参加している。

「二足の草鞋《わらじ》を履く」というが、もはや二足の草鞋ではなく、ふたりの人間がいるのである。本業の音楽学をもっと研究すべきであるという心の声も聞こえてくるのであるが、キャリア支援のほうが「社会に役立っている」という実感を受けることが多いので、このような生き方は私にとって間違っていないと思えるようになった。

これは「人生の使命」と呼ぶことができるかもしれないが、実はもっと単純なことで、私自身がさまざまな学問分野に関心をもっていて、幅広い教養を修得することに努力してきたからに他ならない。本書の1章を教養教育にあてたのも、そのためである。

第4節　プロティアン・キャリア

(1)「生涯学習」という言葉は時代遅れ？

ここ10年ほどで世界は大きく変化した。スマホが社会生活のなかに浸透し、ＡＩが人の仕事を代替するようになった。こうした社会の変革に対応するためには、人は絶えず「学習」しなくてはならない。スマホやＰＣの新しい機種を使うのにも、学習は必要である。変化の激しい時代に生きる我々は、生き続ける限り、学習しなくてはならないのかもしれない。

「人生を通しての学び」である。Ｌ・グラットンとＡ・スコットはベストセラーとなった『ライフシフト――１００年時代の人生戦略』（東洋経済新報社、２０１６年）のなかで、人生１００年時代の学びの特徴として、ライフステージが細分化され、学びほぐしを通して自らの才能の開拓に励む「探索期」が繰り返し現れることを主張した。生涯学習といっても、ひとつのことを継続して学び続けることも大いにありえるが、ここでいわれているのは、学習によって知識を更新し、あるいは経験の蓄積を通して、新しい見方や考え方を獲得して、自己成長を遂げることである。このような学習は「変容的学習 transformative learning」と呼ばれ、キャリア発達では「プロティアン・キャリア」という言葉で表したりする。

(2) プロティアン・キャリア

プロティアンは、ギリシャ神話に登場する海神プロテウスに由来する。未来を予見できた彼だが、その求めに応じるのを嫌って、すぐさま姿を変えたのである。ここからプロティアン・キャリアとは、ひとつの組織にずっと所属しているのではなく、組織を移動することで、組織内での役割を変え、自己成長を続けることをいう。

オーストラリアのキャリア研究家D・ベネット氏と筆者が日本語版を編集した『音大生のキャリア戦略』(春秋社、2018年)では、オーストラリアの作曲家、ピアニスト、音楽研究者、ビジュアル・アーティスト、そして俳人としても活躍するミチェル・ハンナンのプロティアンとしてのキャリアが紹介されている。そこで彼が最後に語っている言葉は印象的である。

クラシックの音楽家はプロティアンでないと、生きていけません。オーケストラやオペラ劇場で専属として働いているすべての音楽家には、永遠の変化が求められ、その姿は何千とあるからです。ますます、仕事上のネットワークを作ることで、伝統的な音楽に期待されている以上のことができるようになりました。私自身のプロティアンのキャリアについていえば、すべてがつながっていました。新しい仕事を得るチャンスは、仕事上のネットワークを拡大した結果でしたし、同時に学校や卒業してからも学習してスキルを獲得した結果でもあるのです。新しいチャンスは、それに先行するチャンスによって可能になったわけです。

　芸術におけるフリーランスと同様に、音楽のフリーランスもビジネスです。ビジネス・マネジメントに何が必要で、自分の作品を聴いてくれる聴衆をどのようにして広げていくのかがわからないような音楽家は、自分を安売りするしかありません。しかもたいていのプロの音楽家は生きていくために、さまざまな活動をしていいますが、これらの活動は決して生きていくため

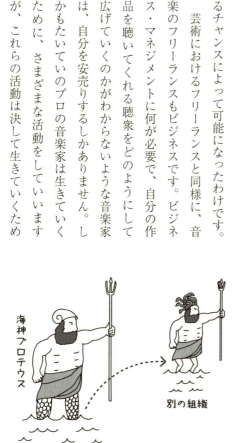

だけにおこなわれているわけではありません。音楽家であるということは、演奏家、作曲家、編曲家、プロデューサー、オーガナイザー、監督、教育者、研究者、批評家、思想家、プロモーター、広告家、ファシリテーターという多くの顔をもつことです。これまでに教育や経験を通して獲得したスキルを活用する方法は音楽家にはたくさんあります。そしてたいていの音楽家はこのような形で活動できることを誇りに思い、満足しているのです。

ハンナン氏のキャリアはすこぶる興味深い。一読をおすすめする。彼の言葉で特に筆者が注目したいのが、「新しい仕事を得るチャンスは、仕事上のネットワークを拡大した結果でしたし、同時に学校や卒業してからも学習してスキルを獲得した結果でもあるのです。新しいチャンスは、それに先行するチャンスによって可能になったわけです。」である。彼は新しい仕事を得ることで、プロティアン・キャリアを歩んだのだが、それを可能にしたのが、ネットワークの拡大と、継続学習を通した職業スキルの拡大であった。

中原淳が『働く大人のための「学び」の教科書』（かんき出版、2018年）のなかで、「大人の学び」の原理原則を3つ指摘している。[注10] それらは、「背伸びの原理」、「振り返りの原理」、「つながりの原理」である。ハンナンも「つながりの原理」と「背伸びの原理」を体現したわけであるが、同時に、彼のプロティアン・キャリアの形成に

注10　「無形資産」、「変身資産」、「キャリア形成資産」については、拙著『大学では教えてください音大・美大卒業生のためのフリーランスの教科書』（ヤマハミュージックメディア、2018年）を参照してほしい。

「振り返りの原理」が常に有効に機能していたことは明らかである。たとえば、自分の生い立ちと音楽との関わりについて、彼は次のように「振り返」っている。

私は教育熱心な家で育ちました。父が高校の数学教師で、私が用をたしている間に方程式を解けるようにと、トイレの壁に黒板をつけるような人でした。父が崇拝していたのが、ピュタゴラス、ユークリッド、デカルトです。私が幼い頃からアカデミックな世界に憧れていたのは、決して偶然ではないのです。でも一番好きな科目は音楽でしたので、大学では音楽学を専攻しました。しかしまた学生時代から、即興演奏家として自活していくための仕事を探していました。とにかく、クラシックのピアノ奏者としての私の商品価値は、密売品程度でした。最初の仕事はアンドリュー教会の合唱協会の伴奏ピアニストでした。シドニー大学で講師をしているエリック・グロスがこの合唱団の指揮者で、私が大学で演奏しているのを偶然にも聴いてくれたのが縁でした。この時にはまだわかりませんでしたが、このときから私の音楽ネットワークが広がりはじめたのです。

もし真のプロティアン・キャリアを歩みたいと思うのであれば、学位、資格、免許は、プロティアンの変身の原動力になることは、間違いない。L・グラットンとA・スコットが100年時代の人生に必要なのは「無形資産」であると主張したとき、学位などはまさに、「無形資産」のとりわけ、「変身資産」と呼ばれるものなのである。筆者はこれを「キャリア形成資産」――具体的には、自分についての知識、多様性に富んだ人的ネットワーク、新しい経験に対して開かれた姿勢など――と呼んでいる。やみくもに資格や免許を取得すればいいというものではない。しかし学位と違って、資格と免許はその人自身の表現であり、「なりたい自分」を体現したものなのである。大いに資格と免許を活用してもらいたいと思うし、それらが活かせるキャリアをめざしてはどうだろうか。

前章の関連でいえば、音楽家にとって必要とされる教養として、カウンセリング、これと関連した分野として、ワークショップ、グループ・エンカウンター[注11]などを学ぶのは、演奏活動のみならず、レッスンなどでも役に立つに違いない。

注11　グループ・エンカウンターとは、グループ内での人間関係を深めるための方法。かつては企業研修で活用された。音楽家が活用する場合、ワークショップをはじめる前に、簡単な自己紹介やゲームをしたりして、グループ内での人間的な交流を準備しておくとよい。アイスブレイクともいう。

第5節
エンプロイアビリティの向上

この章では、プロティアン・キャリア、リカレント教育、学位・資格・免許について、キャリアに関連して大切と思われることを述べてきた。現代社会においては、変化のスピードが速くなっている。これにつれて人生も短くなってくれればいいのだが、逆に長くなっている。つまり、現代人は昔の人間よりも、多くの変化を経験しなくてはいけなくなっている。何かが変わるたびに、これまでと異なるところを学んで、それをマスターしていかないと、世のなかの流れについていけないのだ。変容的学習を継続させていくしかないのであろう。

では、このような変容的学習を継続して、変幻自在なキャリアを形成していく意味は、どこにあるのだろうか。ハンナンの言葉「クラシックの音楽家はプロティアンでないと、生きていけません。」を、最初に引用したが、その理由については説明していない。理由を知るうえで大切なキーワードが、「エンプロイアビリティ」だ。

本書で何度か紹介した『音大生のキャリア戦略』（原書は2012年の出版）の原題は、"Life in the Real World: How to Make Music Graduates Employable"である。直訳すると、『実社会での生活――音大卒業生が雇用されるようにするための方法』となる。Employableという形容詞の名詞形がエンプロイアビリティ employabilityである。

少しかみ砕いて説明すれば、「リアル・ワールド real world」とは実社会、あるいは職業世界のことである。音楽大学を卒業して、音楽家としての仕事をして働かなくてはならない世界である。エンプロイアブル employableは、「雇用する」という意味のエンプロイ employと「～できる」という能力を意味するアビリティ abilityの合成語である。つまるところ、「雇用される能力」を指している。エンプロイアビリティが高いということは、どんな職業にも通じる能力が高いということになる。高い人が増えると、職業上の流動性が増し、個人のキャリアもよりプロティアンになっていくということである。

音大生や卒業生のエンプロイアビリティを高めるというのは、どういうことなのだろうか。ひとつは、たとえばピアニストの場合、演奏のスキルを高める以外に、作曲、編曲、即興の能力をつけ、さらに文章を書いたり、コンサートを企画したりする能力を高めることである。このような何でもできる人に、仕事やお金が集まってくるのは当然で、そのようなマルチ・タレントの芸術家は多い。

もうひとつは、音楽以外の知識や技能を高めることである。たとえば、本書で紹介したティーチング・アーティストのような仕事をする人は、人の発達や心理、教育学の知識が必要であるし、高いコミュニケーション能力、人前で発表できる能力などを修得していなくてはいけない。アクティビティを導入する前に、参加者の心を解きほぐすために、アイスブレイク[注12]にはどのような方法があるかを知っていなくてはならない。アイスブレイクの方法などは、心理学、経営学、教育学など、さまざまな領域で学ぶことができる。

エンプロイアビリティを高めることで、ひとりの人間がさまざまな役割を担い、さまざまな仕事ができるようになる。これが「ポートフォリオ・キャリア」だ。複数の能力や仕事がひとりの人間のなかで共存している状態である。しかし安定しているのではなく流動的で、ある能力や仕事が突出して、次の段階のポートフォリオ・キャリアで中心的になることがある。こうなれば、ポートフォリオ・キャリアはプロティア

注12　グループ活動をする場合、初対面の人どうしの間にある「冷たい氷のような関係」を打ち砕くための方法。

ン・キャリアの状態になっているといえる。要するに、「私はピアノしか担当できません」、「私は音楽以外のことはわからないし、何もできません」と発言できない時代になったということだろう。

このような時代になった今、音楽大学への進学をめざす人、将来の音楽家を教育する音楽大学で学んでいる人、そして音楽大学を卒業してすでに音楽家として活動している人、週末だけプロの音楽家として活動している人、なんらかの形で音楽と関係して生活している人、生きている人は、これからどのようにすればいいのであろうか。これについては、最後の章で詳しく論じてみたい。

終章

私のキャリア論

第1節 悩める欧米人

(1) 悩めるジュリアードの学生

2019年2月に、ニューヨークにあるジュリアード音楽院[注1]を訪問した。訪問の主たる目的は、音楽院で教鞭をとるトマス・カバニス氏[注2]との打ちあわせだった。というのも、翌3月には、彼を日本へ招聘《しょうへい》して、全国の音楽大学でティーチング・アーティストを紹介するワークショップを開催することが決まっていたためだ。その一環として、カバニス氏のジュリアードでの授業と、ニューヨーク市内で実施されている小学校から高等学校までの各種学校で、音楽科の授業を担当している、いわゆる「音楽の先生」のためのワークショップに参加した。

ここで紹介したいのは、ジュリアードで参加したカバニス氏の「音楽教育」の授業

注1 ジュリアード音楽院はニューヨークにある学校で、音楽以外に、舞踏と演劇の学校が含まれる。1905年設立。1969年に現在の場所リンカーンセンターに移設し、このとき「ジュリアード校 'The Juilliard School'」という名称となる。

注2 トマス・カバニスはアメリカの作曲家。1998年からジュリアード音楽院で作曲、分析などを教える。カーネギー教育財団などとの社会貢献活動に積極的に取り組んでいる。

での、一コマである。10数名の学部生が参加する授業で、その日は幼児期の遊びについての講義であった。一通りの講義が終わり、質疑応答の時間になったとき、カバニス氏から学生たちに何か話してほしいと促された。そこで私は今回の訪問の目的を伝えて、特に日本の音大卒業生や若い音楽家に、ティーチング・アーティストとしての活動がどうして必要なのかを説明した。

私が話した内容はおおよそ想像がつくであろう。通訳を入れて15分ほど話をしたのだが——私のつたない英語表現では真意が伝わらないので、こういう複雑な内容の話をする場合には、遠慮なく、私より英会話に通暁した方にお願いしている——、ジュリアードの学生が熱心に耳を傾けて聞いてくれたことに、驚きを感じた。高い専門的技術をもったジュリアードの学生には、あまり関係なのない話をしてしまったのではないかと、一瞬思ったのである。

すると、韓国系アメリカ人の女子学生がやおら発言をしてくれた。自分はコンサートピアニストをめざしているのであるが、その夢を実現するのは今すぐには難しいので、卒業後はまず学校の先生になって、音楽活動を続けたいと思っていると、語ってくれた。それに対して私は、日本でも生活費を稼ぐための正業に就きながら、余暇を音楽活動にあてる若者が多いことを伝えた。つまり、「ポートフォーリオ・ワーク」のことである。アメリカの学生にこのような話をするとは思いもしなかったのである。現代の日本で普及しつつある働き方は、アメリカ的な働き方であり、いい意味でも悪い意味でも、アメリカナイズされている。だから、アメリカの大学生であれば、そのような働き方について話をする必要などないと、思っていたのだ。

しかし実際、音楽院でも学生のキャリア支援はおこなわれているし、今回、話をさせていただいた相手が音楽教育科目を履修している学生たちだったから、卒業後の進路について同じような悩みをもっていたのであろう。いずれにせよそのあとも、男子学生が数名、自らの考えを述べてくれたのだが、ジュリアードの学生といえども、音楽家になることが難しい現実に直面して、悩んでいる現実を目の前にして認識を新たにした次第である。

（2）欧米のキャリア論からの脱却を

私に自分のことを語ってくれた女子学生は韓国系アメリカ人であったが、ニューイングランド音楽院[注3]とマンハッタン音楽院[注4]で、学生のキャリア相談に長年に携わったビーチング氏から聴いても、相談にくる学生は圧倒的にアジア系アメリカ人が多いらしい。特に韓国系アメリカ人で、いずれも家族との関係に悩んでいるという。自分には家族や親戚などからの期待が大きいうえに、金銭的にも援助を受けていることが多く、成功しないといけないというプレッシャーに悩んでいるというのだ。ビーチング氏は来日したおりに、どうしてアジア系アメリカ人の学生にこのような悩みが多いの

注3　ニューイングランド音楽院は、ボストンにある音楽学校。1867年に設立された、アメリカでもっとも長い歴史をもつ音楽学校である。

注4　マンハッタン音楽院はニューヨークにある音楽学校。1917年に設立され、1969年からコロンビア大学に隣接する今の場所にある。かつてはここにジュリアード音楽院があった。

かと尋ねられた。そのときに、私は韓国人をはじめ、東アジアの文化では儒教的な考え方が強く、親や親戚、さらに教師など、目上の人を尊敬する気持ちを強くもつ人が多いのだというような回答をした覚えがある。

またジュリアード音楽院では他にもいくつかの授業を見学させてもらったが、アジア系アメリカ人の学生の数が目立った。いずれの学生も物静かで、積極的に発言する人が少なかったように思う。個人主義が尊重され、個人の個性が高く評価されるアメリカでは、積極的で、社交的で、自己主張できることが求められる。これに対して、アメリカに移住したとしても、アジア、特に東アジア系の家庭で育てられると、謙虚で、正直で、勤勉であることが良しとされる。このような資質をもった親だからこそ、移住していてきたアメリカで経済的に成功して、子どもを音楽院に入学させることができたわけである。

興味深いことに、こうしたアジア系アメリカ人、さらにアジア系の人たちの性格、そしてその人の社会的態度と能力とは無関係であることを、ジュリアード音楽院の教師のみならず、アメリカの知識人はよく心得ている。スーザン・ケイン[注5]が2012年に出版した『内向型人間のすごい力――静かな人が世界を変える』[注6]では、社会を大きく変革した多くの人が内向型人間であったことを明らかにしている。自己主張するより人の話をよく聴き、社交的であるより読書を好む人が、社会を変化させているというのだ。インドの独立運動を指導したガンジー、アメリカの公民権運動のきっかけと

注5　スーザン・ケイン（1968－）は、アメリカの作家。プリンストン大学を卒業、1993年にハーバード法科大学院で博士号を取得。

注6　スーザン・ケイン『内向型人間のすごい力　静かな人が世界を変える』（古草秀子・訳、講談社　2013年）。原書は2012年出版。ケインのTEDカンファレンスでの「内向型人間のすごい力」は人気が高い。2016年に続編となる『静かな力：内向型の人が自分らしく生きるための本』（学研プラス、2018年）を共著で出版した。

なた女性ローザ・パークス、そして最近ではビル・ゲイツなども、「オレがオレが」、「私が私が」というような人ではなかった。

そうはいっても、アジア系アメリカ人はアメリカ文化において生きづらさを感じることがあるであろう。もちろん、アメリカにも内向的な人もいるだろうし、彼らも「イケイケガンガン」のキャリア論には閉口してしまうであろう。先にも紹介した演奏家のキャリア論として世界中で話題となったアンジェラ・ビーチング氏の『BEYOND TALENT』は、2010年には改訂版第2版が出版された。この改訂に際して、ヨーロッパの音楽家たちには少々アクティヴすぎる発言を、少し抑えたと、ビーチング氏が筆者に語ってくれたことがある。

日本でビーチング氏の翻訳が出版されたのと同じ年に、筆者の『音楽とキャリア』も出版された。さらに2018年にはドーン・ベネット編著の『音大生のキャリア戦略』を翻訳出版した。この本は欧米の7名の音楽キャリア研究者による論文集で、原著は2012年に出版されていた。またエリック・ブース氏の『ティーチング・アーティスト——音楽の世界に導く職業』は2009年に原書が出版され、日本語訳の出版は2017年のことである。

ここで興味深いことは、日本で紹介された音楽キャリア関連の図書が、いずれも欧米のプロテスタントが強い国の出身の著者によって執筆されていることである。それぞれの著者がカトリックであるのか、プロテスタントであるのかを尋ねたことはないが、いずれにしても、イギリス、オランダ、オーストラリア、アメリカ、カナダなど、カトリックの信者もいるが、いずれせよプロテスタント、特にカツヴァン派やそこから派生した宗派の人々が大勢を占めている国の出身者ばかりである。

筆者も知らず知らずのうちに、こうした宗教を背景にした、特にアメリカの研究者のキャリア理論を紹介し、少なからず影響を受けてきたわけである。しかしここ数年の出来事、つまり、トランプ大統領の就任や「ブレグジット」の騒動を見るにつけて、アングロサクソン系民族の、特にプロテスタント系の国家の政策の変動（横ふり）の大きさをつぶさに見るようになり、その思いをいっそう強くしているのである。こうした思いからアメリカの思想史や宗教史の関連の文献を読むうちに、ビーチング氏がしばしば言及する「成功 success」やブース氏が唱える「ティーチング・アーティストの仕事はスピリチュアルな仕事である」という言葉の背景にある、宗教的な意味が気になるようになった。ことさらまでに宗教的な背景を知る必要もないのかもしれないが、労働や社会との関わりに関する考えと宗教が密接に関係していることも、歴《れっき》とした事実であるから、こうした視点から一度、考えてみてもいいかもしれないと思いはじめているのも、事実である。[注7]

注7　宗教と経済活動の関係については、古典的な名著に、M・ヴェーバー（1864－1920）の『プロテスタンティズムの倫理と資本主義の精神』（1904／5年）がある。プロテスタントでは、現世においては神から与えられた仕事に専念することが重視されたことから、蓄財は決して悪ではなかった。こうした勤勉と蓄財に関する宗教心が資本主義の発展につながったと考えた。複数の日本語訳が出版されている。

第2節 東洋的キャリア論の試み

(1) 中国哲学から学ぶ

アメリカでもマイケル・ピュットとクリスティーン・グリス＝ローの『ハーバードの人生が変わる東洋哲学』（熊川淳子・訳、早川書房、２０１６年）が出版され、アメリカ的な――プロテスタント的な――キャリア論からの脱却が模索されているようである。同じ年に日本語訳も出版されており、日本人もこれまでのアメリカ流キャリア論の「何かしっくりこないところ」に気がつきはじめたのかもしれない。

原題は、"The Path. What Chinese Philosophers can teach us about the Good Life"（２０１６）である。日本語に訳すと、「道。中国哲学者がよい人生について私たちに教えてくれること」である。ここでいう「道」とは、中国哲学でいう「道」[注8]の

注8　中国語では「道」は「タオ Tao」のこと。前述した本では、「Path」という英語が使われており、一般化した言い方になっている。

ことで、日本語では「書道」や「柔道」などの道である。著者はこのように説明している。

この本の題名は、しばしば中国の思想家が〈道〉と呼んだ概念からきている。道は、わたしたちが努力して従うべき調和のとれた『理想』ではない。そうではなく、道は、自分の選択や行動や人間関係によってたえまなく形づくっていく行路だ。わたしたちは人生の一瞬一瞬で新たに道を生み出している。(31頁)

この「パス path」の定義を読むと、キャリアの一般的な定義とほとんど同じであることに気がつく。「キャリア・パス career path」という言葉があるように、キャリアと「道」は相性がいい言葉である。[注9]

この本で紹介されている中国の哲学者とテーマは、「孔子と〈礼〉〈仁〉」、「孟子と〈命〉」、「老子と〈道〉」、中国の古典『管子』に含まれる「管子四篇」のひとつである「〈内業〉と〈精〉〈気〉〈神〉」、「荘子と〈物化〉」、「荀子と〈ことわり〉」である。それぞれについて本書で説明する余裕はないが、本書のテーマのひとつになっている「意思決定」について、詳しく述べられているので、内容を紹介しつつ、我々の理解を深めたいと思う。

著者のふたりが意思決定を論じているのは、「孟子と〈命〉」の章である。ここで

注9 キャリアの定義やキャリア論については、本書の第2章を参照。

「命」というのは、「運命」のことである。つまり、「運気」のことであり、また「天命」のことである。しかし孟子が考える「命」とは「偶然」のことである。

孟子は世のなかは転変するものであり、安定した条理などなく、それゆえに努力すれば報われるものではないと考えたという。そしてときに偶然に「吉凶禍福」が降ってくる。だから人生のすべてを計画できるわけではない。3年後、5年後、世界や社会がどうなっているか予想できないし、また自分自身がどうなっているのかもわからない。

> これは、「わたしはなんだろうとなりたいものになれる」と考えるのではなく、「自分がなにになれるかは、まだ自分でもわからない」という気持ちでいろいろためしてみるやり方だ。…時間とともに、想像もしなかった道がひらけ、それまで気づくことさえなかった選択肢が姿をあらわす。ながい年月をかけて、きみは文字どおり別の人間になる。
>
> 人生のすべてがどう進展するか計画を練ることはできない。しかし、ものごとが決まった方向へ進みやすいような状況、すなわち可能性が豊かに実る状況をつくるという観点から考えることは可能だ。（107〜108頁）

この考えは実は、クランボルツ[注10]がいう「計画された偶発性」の考えにも近いが、孟

注10　クランボルツについては、本書の第3章を参照してください。

子は個人が一貫して「発達」するとは考えていない。アイデンティティなども想定されていない。年月をかけて、「別の人間」になるというのである。

（2）IKIGAIとは

最近日本で話題となった本に、脳科学者の茂木健一郎氏[注11]が、英語で出版した "The Little Book of IKIGAI. The Essential Japanese Way to Finding Your Purpose in Life"（２０１７）がある。世界中でベストセラーとなり、日本語訳もすぐさま出版された。邦題は『ＩＫＩＧＡＩ　日本人だけの長く幸せな人生を送る秘訣』である。原題の「way」は邦題では「秘訣」となっているが、way には「道」という意味もあることには、注意しておきたい。

茂木氏は「生きがい」は「日本文化とその遺産の中に深く根づいた概念なので、それが何をもたらすかをはっきりとさせるため、私はこれから、現代の行動様式との関連性を探りつつ、日本文化の伝統を深く掘り下げていくことになる。」（26頁）と語り、「生きがい」を「島国という固く結びついた社会の中で何百年という時間をかけて進化してきた日本人の生活の知恵や、独特の感受性、日本社会になじむ行動様式を象徴している」とした。日本人だけが「生きがい」をもつわけではない。しかし訳者の恩蔵絢子氏が、すでにヨーロッパで話題になっていた「ＩＫＩＧＡＩ」に関する本

注11　茂木健一郎（１９６２－）は、脳科学者。クオリア（感覚質）の研究で有名。クオリアとは、たとえば、ある波長の色を視覚が感じ取ってそれを「赤い」とか「青い」という感じる、そのような感覚の質のことである。これは歴史的には哲学で議論されてきたが、近年では、脳神経科学や認知心理学の分野で研究されている。

がイギリスで出版される背景を説明したことは、興味深い。

「生きる目的」はもちろん、どんな国の人ももっている。しかし、それは必ずしも日本語の〈生きがい〉の含意するものとは違うようだ、ということに西欧の人がまず気がついた。唯一の絶対神に見せられる、あるいは、誰にでも誇れる、仕事の業績、家族、そして、誰かの役に立つ壮大な人生プランが、彼らにとっての「生きる目的」である。

本書の第2章で紹介した「キャリア理論」などは、まさに人々に「壮大な人生プラン」を描かせるための理論であったのであろう。そして個人が絶対神と対峙《たいじ》して描くプランであり、そこには「社会全体との調和」のなかで、「個として生きる」という発想などはない。

茂木氏は「生きがい」の5本柱を次のように提示している。

柱1：小さく始めること
柱2：自分からの解放
柱3：調和と持続可能性
柱4：小さな喜び

柱5：〈今ここ〉にいること

筆者流に解釈すると、「生きがい」をもって生きる、あるいは「生きがい」を見つけるには、日常の生活や仕事のほんの小さなことだが、自分なりのこだわりをもって継続し、そして今その仕事に没頭し、あるいは一瞬一瞬に喜びを感じることであると、いえようか。氏が第1章「〈生きがい〉とは何か」で紹介したのが、オバマ大統領が日本を訪問したときに訪れた寿司屋「すきやばし次郎」の料理人である小野二郎氏であることも、うなずけるであろう。寿司職人としての「こだわり」と「生きがい」が語られた一節を引用しておきたい。

小野はかつて、寿司を握りながら死にたい、と言っていた。寿司を握ることは、一つひとつは単調でとても時間がかかるたくさんの小さな工程からなるにもかかわらず、確かに、彼に深い〈生きがい〉の感覚を与えている。例えば、タコを柔らかく、味わい深くするために、小野はその軟体動物を一時間も「マッサージ」しなければならない。寿司の王様とも言われる小さな光り物、コハダの下拵えは鱗、内臓を取り除くのに細心の注意が必要であり、かつ塩と酢で、ちょうど良い加減に酢〆しなければならない。「たぶん自分が握る最後の寿司はコハダだろう」と彼は言っていた。（18頁）

小野氏の寿司はぜひ一度賞味したいものだが、それには財布との相談が必要だろう。しかしこの一文を読んだだけでも、職人としての「生きがい」そしてそれに支えられた、単調だが充実した日常生活の潤いを感じ取ることができるであろう。

第3節 自由な自分、自律した自分

(1)「自」とは

「自」は「みずから」と読む。「おのずから」は正式な読みではない。「みずから」は「自分自身で」で、「おのずから」は「自然に」「ひとりでに」という意味となる。

もともとは「みつから」あるいは「おのつから」である。「み」は「身」、つまり自分である。「つ」は「〜の」の意味で、たとえば、まつげは「目の毛」である。「から」は「柄」で、本質を表し、「人柄」や「家柄」などの言葉もある。ここで大切なことは、「みつから」あるいは「みずから」は名詞であって、「自ら○○をする」、つまり、「自分から○○をする」というような副詞的な用法は誤用であるということである。

「自」という漢字は、人間の「鼻」の形に由来している。自分を指すときに、鼻を指すことがあるように、顔の中央にあって一番高いところが自分を代表する部分であろう。

「自分」という言葉もある。「分」は本来もっているべき、あるいは備えておくべき役割や性質などを意味する。たとえば、「学生の本分は…である」という表現がある。「自分」は「みずから」が本来もっている役割であり性質であるから、「自分自身」のことである。「自らで…をする」と「自分で…をする」は同じ意味である。

(2) 自由とは何か

「自由」という言葉は仏教に起因する言葉である。「自を由《ゆえ》とする」という意味である。「由」とは「理由」という言葉に見るように、「根拠」や「拠りどころ」を示す。では、自分を根拠にするということは、たとえば、自分で自分の行動を決めることが、行動の自由である。反対は「不自由」であり、「強制」であったり、「服従」であったりする。

しかし自由というのは、自分の好き勝手にすることではない。たとえば、お腹が空いたからといって、授業中にお弁当を食べることは、その人の自由だろうか。これを自由だと思う人はいないであろう。道徳に反しているばかりか、お腹が空いたので何かが食べたいという生理的欲求、本能、自然法則に、支配されているからである。古川雄嗣は、著書『西洋近代思想を問い直す』（東京経済新報社、2018年）のなかで、こう説明している。

しかし、人間だけは、自然法則に服従するのではなく、自分自身の命令に服従することができます。

身体の自然法則が「食べよ」と命令しても、その命令に逆らって、「食べるな」という精神の命令の方に従うことができるのです。

このように、自然の法則から解放されて、自分で自分の行動を決定できるということ。これが人間の「自由」です。

そして、その自由に基づいて、自分で自分の行動を決定すること。それが「自律」です。文字どおり、自分で自分を律するのです。

かくして、この意味での「自由」と「自律」こそ、人間——動物と機械とは異なる——「人間」であることの本質である、ということになるわけです。（124~125頁）

自分を律して、自分に命令するのは、理性であり道徳である。では理性とは何か、道徳とは何かという質問に答えることは難しく、本書の域を超えている。しかし個人の人生やキャリアを論じる場面においては、次のようにいうことができるだろう。

これからの人生において、どのような生き方をするのか、どのような職業に就くのか、そして音楽と人生とをどのように「折りあい」をつけて、音楽を通して自己実現していくのか、こうした重要な問題は、「自分で」決めなくてはならない。家族や学校の教師からの助言を謙虚に聴く、そしてさまざまな情報を集めて公平無私な気持ちで分析することが必要であるが、外部からの言葉や情報に支配されたり、制約されたり、翻弄《ほんろう》されたりしてはいけない。

ではどうすれば、自分で決めることができるようになるのであろうか。これも簡単に答えることはできないが、やはり人間の存在は自分ひとりであって、他人とはわかりあえる存在ではない、だからこそ、他人を尊重するのと同じように、自分自身を大切にすることが必要であるという認識をもって、日常生活を送ることではないかと思う。

人間の存在のこうした「寂しさ」や「空虚さ」を補うのが、本を読むことであり、音楽を聴くことであり、絵画を見ることではないであろうか。広い意味での教養であり、リベラル・アーツなのではないかと思う。第8章ではリベラル・アーツの「リベラル」について説明したが、「リベラル」そして「自由」とは、それが自由人のための教養であり、また特定の職業のための教育であることを意味した。リベラル・アーツの伝統に浸り、そこで培われた知識や思想から自らの存在を見つめなおすことで、その時代々々やその社会にあふれる雑多で、真偽がわからない虚言や雑言——それは迷信であり、最近ではフェイク・ニュースのことだろう——から解放されるのである。それはまた、第2章で説明した「探索 explore」なのである。

第3章では、人間の意思決定は合理的ではなく、感情から少なくとも影響を受けると、説明した。このことは、上に述べた、人間の自由とは理性の命令に従うことであることとは、矛盾しないであろう。感情そのものが自分自身を理性的に見つけることで誕生したものであれば、その決定には決して「後悔」することはないであろう。

自由とよく似た言葉である「自主」について、少しだけ考えておこう。「自主」とは「自分を主（あるじ）にする」ことである。しかし自主がポジティブに機能するためには、「主」が本来の自分でなくてはいけない。つまり、自由で自律した自分でなくてはいけないのだ。もしこの「主」が自分勝手で人の迷惑を考えない「非道徳的な主」であれば、その人の「自主」的な行動が許されるべきものでないことが確かだからだ。

(3) 原点となる自分とは

最後に、どうすれば自由で自律した自分を獲得できるのであろうか? 人間が生まれてきた瞬間はきっと「自由で自律した自分」であるといえるかもしれない。実際には自分で食事もとることができないし、自由に行動できるわけではない。しかし心あるいは精神は真っ白な状態である。我々は今となってはこのような状態には戻れないが、自分がこの世を去って逝く瞬間は想像できるであろう。どのような状態で最後の瞬間を迎えるのかは人それぞれだが、その瞬間、あるいは直前になれば、地位も名誉も、富もないし、どんな職業に就いていたのか、どんな老後を送ってきたのかも関係ない。心と精神だけがあり、意識があるかどうかはわからないが、死にいきつつある肉体を、ただ見つめているだけである。

そのとき自分は何を考えるだろうか? 人生を振り返って、満足できるだろうか? 何かをしたくて、あるいは何かをやり残して後悔するのだろうか? 自分の人生は自分に何を与えてくれたのであろうか? それを自分はうまく活用できたであろうか?

これからの将来を考えるとき、出発点とするのは、この最後の自分なのかもしれない。そこから自分に与えられた人生とは何か、意味とは何かを考えてみてはどうだろうか。音楽の仕事をするにしても、音楽の仕事を通して、何がしたいのか、何ができるのか、何ができれば満足なのか、そこを出発点にしたらどうだろうか。それに対して私の夢は演奏家になることだということを出発点にすると、そこからの広がりはないのではないだろうか。

さらに考えれば、自分にとって大切だと思っていることは、音楽以外の仕事で得られるかもしれないのだ。それを見つけるには、音楽という存在のない世界の自分を、一度、想像してみるのがいいのかもしれないだろう。

第4節 私のキャリア論

最終章の最後の節になってしまった。最後に到達したのは、生まれた直後の私であり、死ぬ直前の私である。またそれぞれの人の「はじまり」と「終わり」は、それほど大きく異なることはない。はじまりから終わりに至る「道」あるいは本来の意味の「キャリア」が異なるだけである。

人生のはじまりと終わりの循環

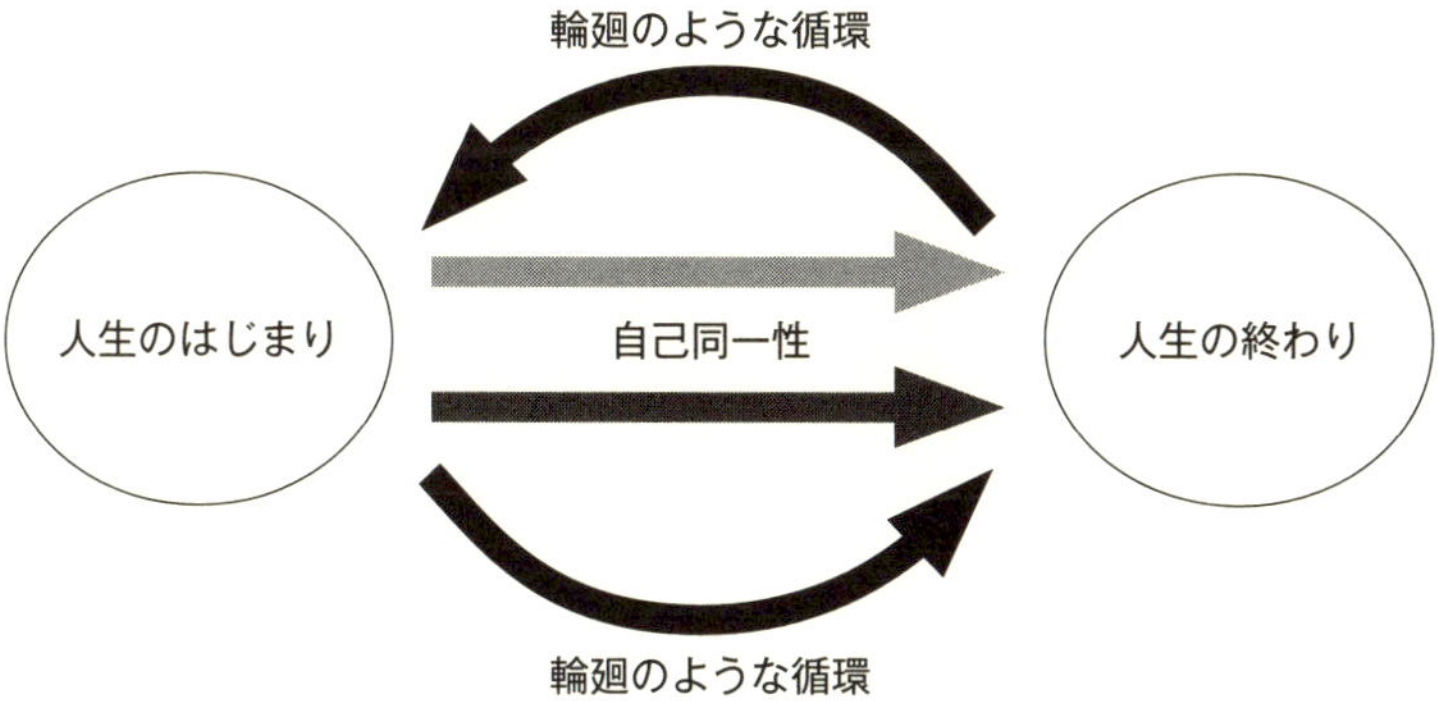

「はじまり」と「終わり」を重視するのか、それとも人それぞれが自由に歩むことができる——あるいは、自由に歩めると思われている——、それゆえ多様な道やキャリアを重視するのかによって、キャリア論というか、人生のとらえ方も異なってくるであろう。前者は輪廻《りんね》[注12]を連想させるし、後者は個人の自由や個性が尊重される生き方であろう。前者は東洋的、後者は西洋的（キリスト教的）というふうに、図式化してみることもできるかもしれない。

　では、ここからどのような生き方を導き出せるであろうか。おそらく両方の考え方でうまくバランスをとって人生を考えるのがいいのかもしれない。ここでは、音楽との関連で考えてみたい。

注12　仏教思想でいう「輪廻」とは、人は自分のおこなった行為——「業」という——や煩悩によって、地獄、餓鬼、畜生、阿修羅、人間、天界という6つの世界（六道）を生まれ変わることをいう。この輪廻の循環から脱却することが仏教の目的とされている。実際にこのような輪廻する世界があるわけではないので、輪廻の原因となっている業や煩悩が、わかりあう心、思いやり、ありのままへの気づきへと変化することで達成されると考えられる。しかしこのような達成——涅槃《ねはん》の境地に達すること——はそう簡単にはできないが、井上ウィマラが次のように指摘している。「人間世界は、六道輪廻のすべての世界を体験しながら自分はいったい誰なのかというテーマを探求することのできる世界である。」井上ウィマラ、葛西賢太、加藤博己『仏教心理学キーワード事典』（春秋社、2012年）、142頁。

（1）あまり考えすぎない

キャリアをデザインしても思い通りにならないし、かといって、流れに任せて毎日を送るのも、不安になってくるものである。孟子の「道」のとこで説明したように、自分にとっていい展開になるように、おおまかな道筋だけはつけておいて、あとはその過程で生じるさまざま偶然を楽しみ、ときにはうまく活用し、ときに回避していくのがいいように思う。

英語のデザインdesignという語はラテン語のdesignare（線を引く）に由来する。そしてこの言葉からフランス語のデッサンdessinも派生している。要するに、鉛筆などで線を書いて下書きすることであり、計画を立ててそれを示すことである。つまり、キャリアをデザインするというのは、いきなり絵の具で将来の人生を描くのではなく、線でもって、しかも消しゴムを手に、書いては消し、書いては消しということを繰り返して、下図を書いていくことなのである。

夢は「見る」ものではなく、「描く」ものであるというのも、同じことを表現している。ビジネス書などでは、夢を描くときには、細部まで具体的に描くことを推奨しているものもある。そうしないと、一年、一カ月、あるいは一週間の目標・目的が決まらないからである。それも必要ではあるが、自分が描いたものに縛られてしまっては、元も子もないことだけは自覚しておきたい。

音楽キャリアの関連でいうと、たとえば、アンジェラ・ビーチングは、ドーン・ベネットが編纂した『音大生のキャリア戦略』に寄せた「アメリカで学んだ音楽家たち」のなかで、「若い音楽家へのアドバイス〈してはいけないこと〉と〈すべきこと〉」を示してくれている。興味深いことは、「してはいけないこと」のほうである。[注13]

・先生や大学が提供する機会だけに頼りすぎる。
・すべての希望を、コンクールで優勝すること、事務所を見つけること、オーケストラの正規団員になること、大学の教員になることに託する。音楽で成功する方法は、ほかにもたくさんあります。
・ひとりの教師や相談者の意見だけに頼りすぎる。そうではなく、幅広く意見を聞く。
・伝統的でスタンダードのレパートリーだけを演奏する。
・成功というのは、練習時間量だけによって決まると思う。（61頁）

彼女が示してくれた「してはいけないこと」に、何か気づかれたことはあるだろうか。それは、ひとつのこと「だけ」に集中したり、囚われたりしないことを、強調していることだ。「音楽で成功する方法は、ほかにもたくさんあります」という言葉は重要だ。演奏家といっても、さまざまな仕事をこなし、さまざまな活動をしている。

注13　D・ベネット／久保田慶一（編著）『音大生のキャリア戦略　音楽の世界でこれからを生き抜いてゆく君へ』、春秋社、2018年

ベネットと筆者が編集した『音大生のキャリア戦略』では、さまざまな例が示されている。
人生の「はじまり」から「終わり」までの「道」の多様性を大いに追及して、楽しむべきなのであろう。

(2) 立ち止まらない

人生の「はじまり」と「終わり」が同じで循環するという考え方からは、難しい言葉でいえば、「自己同一性」という考え方が派生してくる。道は多様であるが、ずっと変わらずに「自分」が存在するという考えである。

道を進むにつれて景色が変わるように、「自分」の姿や他人からの見え方も変化するが、中身は変わらない。孟子は「別の人間にもなる」といったが、「はじまり」から「終わり」に向かう人間の根底にある意識――自我（エゴ）といっていいだろう――まで別のものになるわけではない。そこに持続する時間や生命に触れる体験ができれば、人は根源的な意味において、「自分は自分であり続ける」という感覚を保つことができるであろう。それは、今ここにある自分を感じることでもあるだろう。近年ではこのような心の状態を「マインドフルネス mindfulness」[注14]と呼んだりする。

カウンセリング、特にトランスパーソナル心理学[注15]では、これを「小さな悟り」と

注14　マインドフルネス mindfulness は仏教用語の「念（サティ sati）」の英語訳である。本来は記憶を意味するが、何かを記憶する時間を極小にまで至らしめると、今ここにいるという感覚だけになる。ここに自我が成立する以前の段階にある「純粋持続」や「純粋体験」を経験できる。『仏教心理学キーワード事典』より160－1頁。

注15　トランスパーソナル心理学とは、1960年代に、アブラハム・マズローの「自己実現」の概念に端を発する心理学の流れ。マズローの「自己実現」については、本書の第2章第3節を参照してほしい。個人の心や人格を超えたところで、心、生、魂、自然を意識することを重視する。

いっている。悟りとは、輪廻からの解脱であり、死んではまた生を得るという輪廻転生からの離脱である。我々にはお釈迦様のように「悟り」の境地に至ることは難しいが、考え方や感じ方を少し変えるだけで、あるいは、今の自分を受け入れるだけで、これまで悩んでいたことから解放されて、「なんだ、こんなことで悩んでいたのか」とわかることがある。これも「小さな悟り」なのである。小さな悩みに心を奪われてしまうと、心が停止状態になってしまう。停まることなく、内面の変化に寄り添うことであり、大切にすることだと思う。

音楽との関連で考えれば、このことは、日常生活において常に音楽を意識していることの大切を教えてくれるように思う。移動中の電車でも、ときにはスマホから自らを解放して、楽曲のあるフレーズの演奏についての思考を深めたり、あるいは、政治や社会の出来事にも関心をもって、自分の音楽活動との関連を探ってみたり、社会的な問題や課題をどうすれば音楽で解決できるのかを考えてみることも必要なのかもしれない。そうすることで、これからこうしたい、こうすればよくなると、瞬時にひらめくことがある。人が「一皮むけた」瞬間である。

(3) ときに停まり、ときに脇道にそれるのもよし

このような「自己同一性」、自己の「持続性」を意識することができれば、道の途

直線的からキャリア・パス（道）からレジリエンスを経験したキャリア・パス（道）へ

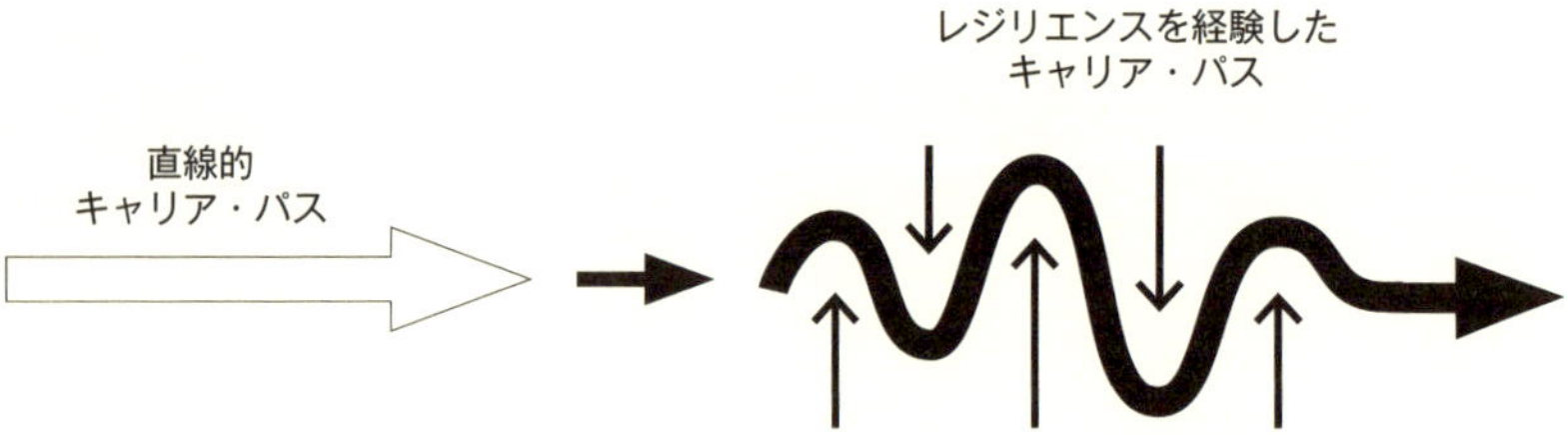

中で停止したり、休止したりしても、あまり焦りを感じなくてすむのではないだろうか。ときに脇道にそれてもいい。「道」は、終わりに向かって、ただまっすぐに、早く、突き進むものではない。

　本書の第1章第5節で、「レジリエンス」についてお話した。逆境に遭遇したときに、そこから立ちなおってくる精神力のことである。「道」が横にそれても、またもとの方向に戻るときの力でもある。ここでその説明文のところに戻って、再度読みなおしていただくといいのかもしれない。そしてそこに挿入した「レジエリエンス」の図と、前頁の図と合成してもらいたい。さて、どんな図になるだろうか。「人生のはじまり」から「人生の終わり」に向かう線は、波を打ちながら進行していくであろう。

　そして同時に、真横に進行するのではなく、これまでの方向を変えて——上下の区別はない——進行していくはずである。横からの力が加わってこれまでの直線が波打つわけだから、そのたびごとに、横からの力が蓄積されていくわけである。

おわりに

「はじめに」でも触れたが、「音楽とキャリア」の今となっては旧版となったものを出版したのが2008年。そして新版が2019年。その間の約11年の間に、世界や日本は大きく変化した。11年前には予想できなかった出来事が生じ、予想できなかった生活を私たちは送っている。もし筆者が健康で、これから約10年後の2030年に、おそらく最後の版となる「決定版」を出版しようとしたとき、世界や日本、そして筆者自身の生活はどのように変化しているのであろうか。10年前に今が想像できなかったように、10年後を想像することは不可能である。しかし確実にこうなっているだろうといえることが、ないわけではない。

ひとつは、医療が進歩して、平均寿命が延びているだろうということだ。筆者も健康であればいいが、介護などを必要とする状況になっているかもしれない。年金だけで生活していけるかどうかもわからない。この問題は今高齢にある人にとっては直近の問題ではある。若い人たちにとってそれは将来の問題かもしれないが、もっと深刻な問題になることは確実であろう。将来確実に予想される出来事であるからこそ、

「年金２０００万円問題」も、結局は本質とはかけ離れたところでの議論になってしまったが、大いに話題になったのだろう。

もうひとつ確実にいえることは、「日本人」の人口が減少していることである。ここで「日本人」とかっこをつけて書いたのは、日本で住む外国人の数は確実に増加しているだろうからである。人口の減少は労働力人口の減少と直結して問題視されるが、日本人以外の人口の増加や、65歳以上の人も労働者人口にカウントすれば、問題はまた違って見えてくるはずだ。

最後にもうひとつ。ＡＩが今以上に発達して、我々の日常生活を大きく変えているだろうということだ。特に労働においては、クリエイティブな仕事と、肉体を使う仕事――といっても単純な労働ではなく、人間の手がどうしても必要とされる介護などの仕事――の間にある、中間的な仕事の多くが、ＡＩにとって代わられるという。医療やお金、さらに労働に関わることばかりである。まさしくキャリアの問題である。これからますます個人の自由が尊重される時代になり、キャリアの選択とその結果は自己責任となることも、確実にいえることのひとつであろう。

ノルウェーの哲学者、といっても、まだ50歳そこそこのラース・スヴェンセンは、『働くことの哲学』（小須田健・訳、紀伊国屋書店　２０１６年）の最後で、次のように述べている。

私の印象では、こんにち私たちは概して仕事に過度の期待をかけており、とりわけ仕事は、私たちが生きてゆくうえで必要とする意義をもっとたくさん提供できるはずのものだと思いこんでいるようだ。おそらくそうした期待が満たされることはないし、私たちは仕事を求めて彷徨する者と化し、仕事から仕事へと渡りあるくが、最後まで探し求めているものは見つからずじまいだろう。かりに期待がかなえられたとしても、その分だけいっそう深い厄介ごとに巻きこまれ、仕事よりもはるかに大切なあらゆることがらから眼をそらせてしまうという危険に陥ってしまう。そのとき私たちの仕事との関係は、ワイルドの『ウィンダミア卿夫人の扇』における「この世界に悲劇は二つしかない。ひとつは、欲しいものが手にはいらないこと。もうひとつはそれが手にはいることだ、あとのほうが最悪だ。これこそが真の悲劇だ」の完璧な例証となるだろう。（238頁）

さて、皆さんはどちらの悲劇を選ぶだろうか。筆者はできれば、どちらの悲劇にもあいたくないと思うのだが。実はワイルドの『ウィンダミア卿夫人の扇』という戯曲では、ウィンダミア卿夫人が夫の不倫を疑い、離婚を考えるのだが、その不倫相手と疑われた女性アーリンが実は、自分を捨てた母親だったのである。アーリンは過去のことをウィンダミアに話して夫婦はもとの鞘《さや》に納まるという話である。こと、不倫や離婚のような夫婦に関することだと、「欲しいものが手にはいらないこと。もうひとつはそれが手にはいることだ、あとのほうが最悪だ」という言葉はよくわかる。

人生も仕事も同じで、何かを追い求めているときが花ということなのかもしれない。アメリカのビジネススクールで倫理学を教えるジョアン・キウーラも、『仕事の裏切り　なぜ、私は働くのか』（中嶋愛、金井壽宏・訳、翔泳社、２００３年）のなかで、同じようなことを語っていた。本来、仕事は苦役であったはずだが――本書の第7章第1節での、リベラル・アーツについての話を思い出してほしい。自由人は労働せず、労働は奴隷に任されていた――、現代人は、仕事で「自己実現」を求めるなどして、仕事に期待をかけすぎているというのだ。前述したスヴェンセンの世界的なヒット作で日本語にも翻訳されている、『退屈の小さな哲学』（集英社新書、鳥取絹子・訳、２００５年）が、暇や余暇を論じたものであるのも、興味深い。

先々どうなるかわからない時代になってしまったのだから、何かを遮二無二追いかけるのではなく、暇や余暇を楽しみながら、自分自身を見つめながら、大切なものを追い求めていくのが、小さな幸せにつながるということなのかと、筆者は思う。とはいっても、人は霞《かすみ》を食って生きていけるわけではない。現実の問題にも対処しなくてはならない。では、どうすればいいのだろうか。

自動車の運転を想像してみてほしい。前方だけを見て運転すると、危険である。脇道から子どもや車が飛び出してこないかに注意し、そのような危険があるところにくれば、スピードを落としていつでも急停車できる状態に、心身を整えておかなくてはならない。信号を見て、サイドミラーやバックミラーで、前後左右の車の進行にも、注意が必要だ。急ブレーキを踏むと、追突されるやもしれない。周囲の状況を見て、アクセルやブレーキを踏むわけだ。前の車を追い越しても、到着時刻はたかだか数分しか早くならないものだ。それよりも、車を運転することを、そして車中で聴く音楽やおしゃべりを、大いに楽しみたいものである。人生もこういくふうにしていけばいいのかもしれない。皆さんはどう思われるだろうか。

本書の各省の要約版と呼べる小論が、２０１９年4月から、公益財団法人音楽文化創造のウェブ版季刊誌でも連載され、公開されている。２０１９年9月までで公開されたのは第2章までで、あと2年ほどかけて順次公開されていく予定である。そのときには、多少、リニューアルされているかもしれないので、そちらのほうもチェックしていただけると幸いである。

最後に、本書の出版をご快諾いただいた、株式会社スタイルノートの池田茂樹さん、そして編集をしていただいた冨山史真さんに、この場を借りてお礼を申し上げたい。ありがとうございました。

なお本書には、筆者が研究代表となっている、日本学術振興会科学研究費助成事業（科学研究費補助金）（挑戦的研究（開拓）：課題番号：18H05303）、「音楽ティーチングアーティスト養成コアカリユラム開発のための音楽大学（学部）連携」（２０１８年度〜２０２０年度）の研究成果が反映されている。

２０１９年盛夏
東京・清瀬

●著者紹介

久保田慶一（くぼた・けいいち）

東京藝術大学音楽学部、同大学大学院修士課程を修了。芸術学修士（1981年東京藝術大学大学院）、音楽学博士（1999年東京藝術大学大学院）、カウンセリング修士（2006年筑波大学大学院）、経営学修士（2009年首都大学東京大学院）。ドイツ学術交流会の奨学生として、ドイツ連邦共和国のフライブルク大学、ハンブルク大学、ベルリン自由大学に留学。東京学芸大学教授を経て、現在、国立音楽大学教授。2019年6月より、「音楽キャリアデザイナー」としてフリーランス活動をおこなっている。

著書に「音楽とキャリア」「英語でステップアップ」（スタイルノート）、「モーツァルト家のキャリア教育」（アルテスパブリッシング）、「2018年問題とこれからの音楽教育」「音大・美大卒業生のためのフリーランスの教科書」（ヤマハミュージックメディア）、翻訳書に、「ティーチング・アーティスト――音楽の世界に導く職業」（水曜社）、「音大生のキャリア戦略」（春秋社）などがある。

新《しん》・音楽《おんがく》とキャリア
——音楽《おんがく》を通《とお》した生《い》き方《かた》働《はたら》き方《かた》

発行日　2019年10月7日　第1刷

著　者　久保田慶一《くぼたけいいち》
発行人　池田茂樹
発行所　株式会社スタイルノート

〒185-0021
東京都国分寺市南町2-17-9 ARTビル5F
電話 042-329-9288
E-Mail books@stylenote.co.jp
URL https://www.stylenote.co.jp/

装画・挿絵　大野文彰（大野デザイン事務所）
装　幀　大野文彰（大野デザイン事務所）
印　刷　シナノ印刷株式会社
製　本　シナノ印刷株式会社

ISBN978-4-7998-0177-2 C1037